Sterne über Malibu

Sylvia Knelles

Wenn eine Frau eine Frau liebt,

hängt die Liebe die Sonne in dein Herz

und von dort scheint sie dann,

wenn du Glück hast,

ein ganzes Leben lang.

Impressum:

Sterne über Malibu

Erste Auflage 1992

Buch-ISBN: 978-3-929925-00-5
© 2013 E-Book-ISBN: 978-3-929925-27-2

Verlag Mysterious Women
Seesrein 6
22459 Hamburg Niendorf

Homepage: www.verlag-mysterious-women.de

Telefon: 040 43188996
E-Mail: red@mysterious-women.com

Autorin: Sylvia Knelles: www.sylvia-knelles.de
Kontakt: sylvia.knelles@hamburg.de
Mobil: 0176 21201911

Herstellung.
Amazon Distribution GmbH, Leipzig

Verlagsprogramm:

Die lesbischen Strandschmöker:

* Sterne über Malibu
* Lust der Nacht
* Sharons dream
* Clara - Blues in rosé
* Tu es in Liebe - „Schlag mich, wenn du mich liebst!“
* Sie sucht Sie - Dienstleistung im Zeichen der Lust

Sachbücher & Ratgeber:

* Die Suche nach der verfluchten Mitte
* Schuldencrashkurs - Weg mit den Schulden
* Leben in der Unterschicht - Tatort Arbeitsmarkt
* Seele in Not - Diagnose Depression - Bipolar 2

Fotobildband mit lyrischen Texten:

* Bäume - Freunde fürs Leben

Reisebücher:

* New York - feel the spirit - step by step
* Wenn der Weg das Ziel ist, wohin geht die Reise dann?

Serie Lebenslinien:

* Buddha auf Sylt - Ein Hauch von Zen

Romane & Krimis:

* Lena au Chômage - das getauschte Leben
* Seelenmörder - Tod eines Kinderschänders

Die Autorin Sylvia Knelles:

Geboren am 04. November 1960 in Mülheim an der Ruhr,
als kleiner Nachtschwärmer im Zeichen des Skorpion,
mit Aszendent Krebs.

Aufgewachsen im Ruhrpott, im Schwabenland,
in Accra / Ghana, in Lagos / Nigeria
und im Rheinland.

Sie lebt, liebt und arbeitet seit November 1979
in der Hansestadt Hamburg,
wenn sie nicht gerade mit dem Motorrad unterwegs ist.

Jede verliebte Frau…

wird der Sonne folgen,
wenn sie glutrot im Meer versinkt
im weichen Sand
noch die Wärme des Tages spüren

wird in Gedanken
bunte Regenbogen umarmen
wird Sehnsucht spüren
wenn die Luft voll Frühling ist

wird Hand in Hand durch
Regenpfützen tanzen
wird Arm in Arm
der Stille der Nacht lauschen

aber nur eine Frau,
die eine Frau liebt
wird auf bunten Wellen
Delphine tanzen sehen

Sterne über Malibu

Sie wusste, dass es vorbei war, dass sie ganz schnell zur Tagesordnung übergehen musste, diese Zeit aus ihrem Gedächtnis streichen, sie mit ihrer Heimkehr einfach für ungeschehen erklären musste.

Sie lehnte sich zurück und überließ sich dem monotonen Geräusch der Flugzeugmotoren. Sie konnte durch das Fenster ein paar Sterne funkeln sehen. Waren es die Sterne, die sie auch am Strand gesehen hatte? Es mussten andere Sterne sein, oder?

Sie strich vorsichtig mit den Fingern über den silbernen Ring an ihrer Hand, so, als würde er verschwinden, wenn man ihn nur zu fest berührt. Im Spiegelbild des Fensters sah sie, wie sich ein paar Tränen verstohlen den Weg zu ihren Mundwinkeln bahnten. Sie schüttelte unwillig den Kopf, als könne sie so die Gedanken vertreiben, die sich unaufhaltsam in ihrem Kopf festsetzten. Das Flugzeug suchte sich unbeirrt seinen Weg durch die Nacht.

Sie war auf dem Weg nach Hause. Die Fluggäste hatten es sich bequem gemacht, nachdem sie mit Essen versorgt worden waren und ihnen der Film zwei Stunden lang die Zeit vertrieben hatte. Nur noch ein paar Stunden und sie würde dort landen, wo alles begonnen hatte oder hatte es dort aufgehört? Sie rückte sich im Sitz zurecht, versuchte eine bequeme Stellung zu finden, um ein wenig zur Ruhe zu kommen.

Konnte sie so einfach zur Tagesordnung übergehen? Nur sie selbst war der Zeuge jener Zeit, warum sollte es nicht gelingen? Nichts würde sie verraten und in ihr Innerstes konnte niemand schauen. Sie würde nicht zulassen, dass man ihr Leben so auf den Kopf stellte. Sie war ja schließlich keine zwanzig mehr.

Sie war viel herumgekommen, hatte eine Menge erlebt. Der Mann, dessen Zukunft sie einmal zu sein schien, hatte sie verlassen. In beiderseitigem Einvernehmen. Sie runzelte spöttisch die Stirn. Pah! War es nicht auch sein Verschulden, dass sie sich nun in dieser Situation befand, aus der es keinen Ausweg zu geben schien?

Nun gut, dass es nicht das ganz große Glück mit ihnen war, wäre das nicht auch zu viel verlangt? Sie waren zufrieden gewesen, eingelullt in ihre Zweisamkeit.

Liebe, nichts worauf man sich verlassen sollte! Vernunft, ihr war diese Basis immer gut erschienen.

Er hatte sie eingelullt, blind gemacht für Neues, aber sie hatte sich auch darin gefallen. Er hatte nie Kinder haben wollen, jetzt war sie zu alt dafür und er hatte sich abgesetzt. Hatte sich eine Jüngere gewählt, um mit ihr dann die Kinder zu bekommen, die er mit ihr nie hatte haben wollen. Bitterkeit hatte sich ausgebreitet, sich in ihr Herz gefressen.

War also letztendlich nicht er schuld an ihrer Situation? Sie hatten sich friedlich getrennt, sie hatten sich nicht mehr viel zu sagen, seine Taten sprachen mehr, als viele Worte hätten sagen können. Es hatte keine Reibereien gegeben, sie hatte sich gefügt, wie sie sich all die Jahre gefügt hatte. In seine Träume, seine Pläne und seine Erwartungen. Gute Freunde wollten sie bleiben! Sie musste leise lachen bei dem Gedanken. Gute Freunde! Er hatte ihr großzügigerweise die Wohnung überlassen und doch hatte sie keine Lust mehr dort zu wohnen. Sie hatte sich nach all den Jahren auf die Suche gemacht nach einem neuen Zuhause. Sie wollte nicht erinnert werden.

Die Trennung war so friedlich verlaufen wie ihre Beziehung. Keine Höhen, keine Tiefen, keine Leidenschaft, still wie ihre Beziehung waren auch die Trennung und das Lebewohl.

War es da nicht nur Verbitterung, Enttäuschung, die sie getrieben hatte? Sie wünschte insgeheim, dass sie eine gute Ausrede für sich selbst finden würde. Es würde alles wieder ins rechte Licht rücken und das Leben würde wieder still und leise seinen Gang gehen.

Das Flugzeug fiel in ein Luftloch und riss sie aus ihren Gedanken. Sie sah auf die Uhr und erschrak. Noch wenige Stunden und nichts hatte sich geklärt, nein, es war alles nur noch verwirrender als je zuvor. Sie würde den Ring in eine Schublade packen, ihre Urlaubsfotos dazu, würde die Schublade verschließen und ihre Erinnerungen dazu. Wäre das nicht das Beste, einfach so? Sie sah den silbernen Ring blitzen, wenn sie die Hand bewegte und sie wusste, dass sie ihn nicht in eine Schublade schließen könnte, einfach so. Wegschließen mit all den Gedanken, die seit Stunden in ihrem Kopf herum rasten.

Um sie herum begann zögernd wieder Leben, es wurde langsam hell und die Rückkehr schien unvermeidbar. Gleich würde es Frühstück geben, in neunzig Minuten würde das Flugzeug wieder den heimischen Boden berühren und dann?

Niemand würde dort sein, um sie abzuholen, sie hatte es nicht anders gewollt. Hatte sie sich verändert, würde man ihr ansehen, dass sich etwas zugetragen hatte? Den Ring, sicher. Den würde man bemerken. Sie könnte ihn an einer Kette tragen. Sie trug nicht oft Schmuck, sie wollte nicht erinnert werden an die vergangenen Jahre. Sie hatte diese Jahre nicht vergessen, aber sie waren mit der Zeit verblasst. Sie hatten nach Monaten des Schmerzes an Wichtigkeit verloren. Sie waren gewesen, aber sie schmerzten schon lange nicht mehr. Was würde sie in der Firma erzählen? Wie lange hatte sie daran schon nicht mehr gedacht! Die letzten Wochen waren wie im Fluge vergangen. Ein Lächeln machte sich breit, sie schloss die Augen und döste friedlich vor sich hin.

Als das Frühstück gereicht wurde, begann die Frau neben ihr ein Gespräch und sie überließ sich nur zu gerne dem Redefluss ihrer Nachbarin. Sie versuchte sich dem Frühstück zu widmen, aber es schien nur ein weiterer Beweis zu sein, dass sie ihrem Ziel immer näher kam.

Wie anders war das noch vor ein paar Wochen gewesen! Sie überflogen London und sie sah die ersten Regenwolken. Wie würde das Wetter in Hamburg sein? Wie schon? Wie immer! Sie ließ das Tablett abtragen und nahm die Zeitschrift zur Hand, die sie sich auf dem Flughafen noch gekauft hatte. Mode aus Amerika, ein Bericht über Los Angeles, ein Urlaubsparadies, gepriesen in vielen und bunten Farben. Vier Wochen hatte sie dort verbracht, vier Wochen nur und doch erschienen ihr diese vier Wochen länger als ein halbes Leben. Der Strand von Malibu. Zärtlich strich sie gedankenverloren über die Bilder. Sie schloss die Augen und ließ das Geschehene Revue passieren.

Es kam ihr vor wie ein Traum. Was, wenn sie alles nur geträumt hatte? Sie würde die Augen aufmachen und alles wäre wie immer. Oh nein! Sie würde nicht zulassen, dass es werden würde, wie es immer gewesen war. Abrupt öffnete sie die Augen. Sie rollte die Zeitschrift zusammen, nahm ihre Reisetasche und verstaute sie entschlossen. Sie wollte die Tasche schließen und in diesem Moment entdeckte sie den Walkman.

Er gehörte ihr nicht, aber sie hatte oft Musik damit gehört. Nur zögernd nahm sie ihn in die Hand. Am Kopfhörer war ein kleines Päckchen befestigt. Langsam, als könne sie aus einem Traum erwachen, löste sie die Kordel und entfaltete das Papier. Eine Muschel, die Knospe einer Rose, eine Kassette und ein kleiner Brief. Sie drehte den Brief lange in ihrer Hand, bevor sie ihn öffnete. Sie kannte die Handschrift, klein, fein geschwungen, aber klare Linien. Sie faltete den Brief auseinander.

„Wenn du diesen Gruß von mir findest, weißt du, dass ich an dich denke. Die Kassette ist nur sechzig Minuten lang. Leg sie auch erst sechzig Minuten vor der Landung ein, ja? Versprich es mir! In Gedanken bin ich bei dir! Sharon"
Sie schaute zur Uhr und erschrak. Sie hatte keine Stunde mehr Zeit! Sie fühlte die Rosenknospe in ihrer Hand und spürte die Tränen langsam und heiß aufsteigen. Sie erhob sich und stürzte zu den Toiletten. Verriegelte die Tür, lehnte sich erschöpft dagegen und ließ ihren Tränen freien Lauf. Nein, nichts würde mehr so sein, wie es war, nie mehr!

Sie musste lächeln, als sie ihr Spiegelbild sah. Das Make-up war verlaufen und hatte bunte Linien auf ihrem Gesicht hinterlassen. Sie kühlte ihr Gesicht und versuchte, die Spuren zu verwischen. Das kalte Wasser tat gut und langsam gewann sie ihre Fassung wieder. Sie zupfte ihr Haar zurecht und überprüfte noch einmal ihr Spiegelbild. Die Jahre hatten ihre Spuren hinterlassen. In ein paar Wochen würde sie ihren Geburtstag feiern, vierzig. Ihre Augen waren jung geblieben, das spöttische Lächeln hatte sich in ihr Gesicht eingegraben. Energisch richtete sie sich auf, warf die blonden Locken in den Nacken und machte sich auf den Weg zurück zu ihrem Platz.

Vorsichtig nahm sie die Rosenknospe, die Muschel und den Walkman vom Sitz, ließ sich auf den Platz sinken und schaute eine Weile gedankenverloren aus dem Fenster. Wieder fiel ihr Blick auf die Uhr, auf den Walkman. Dann lehnte sie sich in ihrem Sitz zurück, setzte den Hörer auf und drückte entschlossen den Startknopf. Als sie die Augen schloss, wusste sie, dass ihr die letzten zwanzig Minuten fehlen würden. Warum hatte sie nur nicht eher in ihre Tasche geschaut? Aber vielleicht hatte sie auch Angst, Angst etwas zu finden. Und nun war sie froh, froh, gefunden zu haben, was sie nicht finden wollte. Die Sehnsucht war größer als die Angst und dieser Sehnsucht wollte sie sich nun ganz hingeben.

Sie musste an die letzten Monate denken, die Monate vor ihrer Abreise. Sie hatte das ganze Jahr gearbeitet, sich diese vier Wochen redlich verdient. Sie hatte zu viel gearbeitet und doch konnte sie nie kürzer treten. Sie wusste nichts anzufangen mit ihrer freien Zeit. Sie hatte den Umzug geplant, sich wochenlang mit Renovierungsarbeiten herumgeplagt. Hatte repariert, tapeziert, gestrichen. Die alten Möbel weggegeben. Sie wollte nicht erinnert werden an die letzten Jahre.

Sie war durch die Geschäfte gestreift, aber sie konnte sich nie durchringen, neue Möbel anzuschaffen. Entscheidungen zu treffen. Sie hatte beschlossen, sich einen Urlaub zu gönnen. Sie brauchte Tapetenwechsel, Ablenkung. Einfach mal raus. Ein Kollege hatte ihr Gran Canaria empfohlen. Dort könne sie sich mal so richtig austoben, wenn sie wisse, was er meine! Ihr gruselte noch heute bei dem Gedanken. Mit einem vertraulichen Augenzwinkern hatte er ihr diesen Tipp gegeben.

Sie war ins Reisebüro gegangen und hatte sich beraten lassen. Für Alleinreisende schien es keine Berechtigung auf Urlaub zu geben. Sich einer Reisegruppe anschließen, welch entsetzlicher Einfall! Sich als Jagdobjekt anbieten. Sie spürte noch heute die Schauer, die ihr eiskalt den Rücken herunter gerieselt waren.

Als sie dann missmutig bei Burger King einen dieser klebrigen Hamburger aß, hatte sie den Einfall. Der Gedanke, mal ins Herkunftsland ihrer pappigen Lieblingsspeise zu reisen, bereitete ihr schon nach wenigen Tagen großes Vergnügen.

Wenige Tage später hatte sie den Flug gebucht. Vier Wochen Amerika. In den Wochen darauf hatte sie alles Lesbare verschlungen. Massenweise, alles was sie hatte ergattern können. Vom Reisebüro hatte sie sich eine Liste mit den Hotels von Los Angeles besorgt. Sie würde sich vor Ort umschauen.

Überschüttet mit den guten Wünschen ihrer Kollegen, den kopfschüttelnden Vorwürfen ihrer besten Freundin, den tausend guten Ratschlägen ihrer Mitmenschen, dem wie immer zu großen Reisegepäck, stand sie dann Wochen später in der langen Schlange der Wartenden.
Vier Wochen war das nun her. Sie sah sich noch dort stehen, unschlüssig, eigentlich auch ein wenig unglücklich, nicht wissend, wie sie nun zurechtkommen sollte. Das erste Mal in ihrem Leben würde sie alleine verreisen.

Sicher würde sie die schlechtesten Plätze im Restaurant bekommen, die widerlichsten Kerle würden sie allabendlich an der Bar belagern. Am Strand hätte sie ewig von Strandpapagallos Gesellschaft und abends würde sie dann in einem kleinen und miefigen Zimmer unter dem Dach alleine in ihrem Bett liegen. Na, das konnte ja heiter werden! Sie wäre am liebsten im letzten Moment noch umgekehrt. Nur der Gedanke an die Schadenfreude ihrer Nächsten hatte sie davon abgehalten.

So hatte sie dann geduldig gewartet, bis ihr Koffer auf dem Fließband in unsichtbare Gänge verschwand, hatte sich während des Fluges die Zeit mit Lesen vertrieben. Als das Flugzeug schließlich zum Landeanflug angesetzt hatte, ließ sie sich vom Urlaubstrubel für kurze Zeit anstecken. Es schien, als wären alle Menschen verabredet oder hätten zumindest ein Ziel. Nachdem sie endlich den Zoll passiert hatten, teilten sich die Menschenmassen in Windeseile in viele Gänge, Busse und Taxen. Jeder schien sich vom Trubel anstecken zu lassen. Da stand sie nun, eine Frau von Welt, verloren in der Welt.

Zuerst würde sie sich einen Wagen besorgen. Sie ging zum nächsten Schalter und ließ sich einen kleinen, flotten und komfortablen Wagen zuteilen. Dann war alles ganz einfach gegangen. Der Fahrdienst der Verleihfirma brachte sie zum Fahrzeugdepot, dort bekam sie Papiere und Schlüssel, eine kurze Einweisung, das Gepäck wurde im Wagen verstaut und schon konnte es losgehen. Endlich konnte sie losfahren, aber wohin?

Es war noch früh, die Sonne ließ sich noch nicht einmal erahnen, es war recht kühl. Sie war übernächtigt und fröstelte. Sie hatte sich noch keine ernsthaften Gedanken gemacht, wie es nun weitergehen sollte. Sie hatte gedacht, es würde sich schon alles irgendwie finden. Sie fuhr ziellos durch die Gegend und als sie in der Ferne einen Burger King entdeckte, war wenigstens die Frage des Frühstücks schon geklärt. Sie trank tassenweise Kaffee, durchstöberte während des Frühstücks bei Rührei und Bacon den Stadtplan von Los Angeles. Wo, wo sollte sie nur beginnen, diese riesige Stadt zu erkunden?

Urlaub, hieß das nicht Meer, Strand, Sonne? Sie würde ans Meer fahren. Vielleicht könnte sie dort eine Unterkunft finden. Dieser Gedanke beflügelte sie und so fuhr sie dann recht zielstrebig in Richtung Meer. Langsam kroch die Sonne in den Tag und blinzelte ihr zu. Das Auto war leicht zu fahren und nachdem sie erst einmal entdeckt hatte, dass man die Klimaanlage abstellen kann, wenn man friert, stellte sich auch ein wenig Urlaubsgefühl ein.

Sie fuhr am Meer entlang in Richtung Süden, verließ das

Getümmel von L.A. und fand auf der Highland Avenue ein kleines Motel, in dem sie sich für die erste Woche einquartieren wollte. Es gab kein Zimmer mit Blick aufs Meer, dafür war es klein und hübsch, ihre Terrasse endete am Pool zum Innenhof. Sie bezahlte für eine Woche und ließ sich das Gepäck ins Zimmer bringen. Das Bett lud zum Schlaf ein und dieser Einladung ließ sie keine zweite folgen. Als sie später aufwachte, war die Sonne längst verschwunden. Ihren ersten Urlaubstag hatte sie verschlafen, das fing ja gut an.

Sie verspürte keine Lust auf Gesellschaft, so holte sie sich nur vom Automaten aus der Empfangshalle einen Kaffee und Chips und zog sich in ihre neuen vier Wände zurück. Sie hatte genug mit sich selbst zu tun. Sie richtete sich ein wenig häuslich ein, verstaute die Sachen im Schrank, ließ sich wieder ins ungemachte Bett plumpsen und das Fernsehprogramm war Gestalter des ersten Abends im gelobten Land.

Als sie gegen Morgen aufwachte, lief der Fernseher immer noch unbeirrt. Sie schälte sich aus dem Bett, nahm ein Duschbad und war bereit für den neuen Tag. Ausgeschlafen setzte sie sich in ihren Wagen und fuhr die Straße, die sie gestern gekommen war, in Richtung Norden zurück. Sie stellte ihren Wagen in der Nähe von Venice Beach ab und schlenderte zum Strand. Abgesehen von ein paar Stadtstreichern war sie allein. Der Reinigungswagen hatte sie von ihren Parkbänken vertrieben. Noch schlaftrunken schlurfte eine alte Frau über den Sand. Sie blickte sich um. Das sollte Venice Beach sein, der Strand, der in ihrem Reiseführer so gelobt worden war? Gelobt worden wegen des vielen Trubels, des Strandlebens? Hier war Totenstille!

Sie hatte sich ein Buch mitgenommen und so ließ sie sich auf einer Bank nieder und beschloss, sich die Zeit mit Lesen zu vertreiben. Sie war so vertieft in ihr Buch, dass sie nicht bemerkt hatte, wie sich langsam der Strand zu füllen begann. Als sie sich später umblickte, war der Strand zum Leben erwacht. Bodybuilder stemmten unter freiem Himmel ihre Gewichte und ließen die hart trainierten Muskeln spielen. Jogger bahnten sich ihren Weg am Meer entlang. Sie schlug das Buch zu, um am Strand entlang zu bummeln. Es gab viel zu sehen: Jeder wollte verkaufen, alles war bunt und schrill. Wahrsager, Perlenflechter, Zeichner, Dichter, Musiker, Jongleure, es schien, als sei dieses Stückchen von Los Angeles wie das San Francisco der 68er. Der Vergleich gefiel ihr.

Sie durchstöberte die Stände, konnte sich aber nicht entschließen, solche bunten und auffälligen Sachen zu kaufen. Sie ließ sich von den Essensdüften zu einem Imbiss verführen, lag stundenlang faul und träge in der Sonne und als sie abends in ihr Bett fiel, war die Angst vor diesen vier langen Wochen ein wenig verflogen. Ein bunter und ausgefüllter Tag lag hinter ihr. Sie musste noch an diese vielen Muskeln denken. Sonnengebräunt und durchtrainiert. Sie dachte an den Mann, der sie verlassen hatte, an seine immer so gepflegte und blasse Haut, musste darüber schmunzeln und mit diesem Gedanken schlief sie ein.

Am nächsten Morgen wurde sie früh durch lautes Lachen aus dem Schlaf gerissen. Im Motel hatte sich eine Gruppe junger Leute eingenistet und diese tummelten sich nun bereits zu früher Stunde am Pool. Müde und unwillig schälte sie sich aus dem Bett und vertrieb die düsteren Gedanken unter der Dusche. Die jungen Leute konnten ja nichts dafür, dass sie allein in den Urlaub gefahren war und sich nun an deren Fröhlichkeit störte. Sie würde gleich wegfahren und sich dem Strandleben hingeben. Venice Beach gefiel ihr. Sie wurde in Ruhe gelassen, es gab viel Trubel, unaufdringlich, aber doch vorhanden. Sie konnte bummeln, dem Treiben zusehen und so vertrieb sie sich die Tage. Abends fiel sie erschöpft ins Bett und so verging die erste

Woche schneller, als sie es erwartet hatte. Die jungen Leute feierten jeden Tag ausgelassen ihre Feste und bestärkten sie in ihrem Vorhaben, das Motel zu wechseln. Sie hätte gerne mal einen Tag auf der Terrasse am Pool verbracht, aber dazu hatte sie bei diesem Trubel nicht die rechte Lust. Morgen war sowieso ihre letzte Nacht in diesem Motel und dann würde sie sich nach einem neuen Quartier umsehen. Heute hatte sie die ihr lästigen Pflichtpostkarten geschrieben. Was sollte sie auch schreiben? Es war ganz nett? Sie erholte sich langsam von den Strapazen der letzten Monate und fühlte sich seit langem wieder recht wohl in ihrer Haut. Sie hatte in dieser letzten Nacht noch mit den jungen Leuten Wein getrunken und gefeiert. Bei diesem Krach hätte sie sowieso nicht schlafen können.

So war sie morgens recht verschlafen in ihren Wagen geklettert und den Strand weiter entlang in Richtung Norden gefahren. Ihren Gedanken, sich in Malibu einzuquartieren, hatte sie nach einem Kassensturz schnell wieder verworfen. Es war dort, das wusste sie nicht nur aus ihrem Reiseführer, recht teuer. Man musste seinen Übermut ja nicht überstrapazieren. So suchte sie ein Café auf und durchstöberte beim Frühstück den Hotelführer.

Santa Monica klang ja ganz nett. Die Bedienung hatte sie in ihrem Hotelführer stöbern sehen und ihr einen Insidertipp für ein günstiges Hotel in der Nähe verraten. Sie fand es, nachdem sie sich dreimal verfahren hatte und schon ziemlich entnervt war. Ein Hotel, mit Feuerleiter außen und irre hoch. So, wie sie amerikanische Häuser aus vielen Krimis kannte. Aus ihrem Zimmer konnte sie nur das gegenüberliegende Haus sehen, aber für eine Woche würde es schon gehen.

Sie hatte beschlossen, sich nun mehr den Vergnügungen zu widmen, ausgeruht hatte sie ja nun wahrhaftig genug. In ihrem Zimmer fand sie einen Veranstaltungskalender des

Ortes mit einem heutigen Tipp für den Pier. So beschloss sie spontan, dorthin zu gehen, was auch immer das sein mochte. Tagsüber erkundete sie Santa Monica, ließ sich treiben, bummelte durch die Einkaufspassagen und hielt nach Souvenirs Ausschau.

Abends ging sie dann, wie immer mit Stadtplan bewaffnet, zum Pier. Der Pier entpuppte sich als Holzsteg von gigantischem Ausmaß. Am Anfang des Piers stand eine Holzhütte, in der ein antikes Holzkarussell unter lauter Begleitung einer Drehorgel seine Runden drehte. Unten auf dem Pier spielte eine Soulgruppe. Eine bunte Mischung wiegte sich im Rhythmus der Musik. Touristen, viele Einheimische, Stadtstreicher, Punks, Kinder. Unter dem Pier schlug das Meer an die Bohlen. Es roch nach Hamburgern, Steak und Popcorn. Eine Stimmung, die zum Urlaub passte. So stand sie gedankenverloren in der Menge, die Hände auf das Geländer gestützt, lauschte den Klängen der Musik und dem Schlagen des Meeres. Beobachtete die Wellen, die auf den Strand zuliefen, um sich dann dort zu verlieren. Um Mitternacht verstummte die Band und erfüllt von den Eindrücken dieser Nacht, machte sie sich auf den Weg ins Hotel. Diese melancholische Stimmung nahm sie mit in den Schlaf und noch am nächsten Morgen war sie benommen von den vielen Eindrücken.

Sie ging gedankenverloren runter zum Strand, suchte sich ein ruhiges Plätzchen und machte es sich dort bequem. Hier gab es ein paar Palmen, dafür aber keinen Trubel. Touristen schienen sich auch nicht oft hierher zu verirren. Ganz anders als Venice. Sie las in einem ihrer vielen Bücher, als ein Schatten auf ihre Decke fiel. Sie blinzelte gegen die Sonne und versuchte den Verursacher dieses Schattens auszumachen. Sie sah Nichts, nur das grelle Blitzen der Sonne.

„Könnten Sie auf meine Sachen achten? Ich würde gerne

ein wenig schwimmen."

Sie war verdutzt, dass jemand sie in einem so klaren und verständlichen Deutsch ansprach und nickte sprachlos. Eine Tasche plumpste neben ihr auf die Decke und schon bewegte sich der Schatten in Richtung Meer. Sie sah der jungen Frau hinterher, wie sie in den Wellen verschwand, dann wandte sie sich wieder ihrer Lektüre zu.

Als der Schatten wieder auf sie fiel und sie sich gerade aufrichten wollte, sah sie nur die Hand, die nach der Tasche auf ihrer Decke griff und mit einem „Danke schön" war der Schatten auch schon wieder verschwunden. Sie war teils belustigt, teils verärgert über diese etwas seltsame Art der Störung. Ihr Blick fiel auf das Buch in ihrer Hand. Na klar, es war nicht zu übersehen, dass sie der deutschen Sprache mächtig war. So einfach waren Rätsel zu lösen. Sie hätte sich gerne ein wenig unterhalten, Belangloses geplaudert, aber die Fremde, wie sie sie getauft hatte, hatte ihr nicht den Funken einer Chance eingeräumt.

Am nächsten Tag suchte sie wieder den Strand auf, in der Hoffnung auf eine weitere Begegnung und ein wenig Ablenkung. Langsam begann der Urlaub sie zu langweilen. Nur Strand und Lesen, das konnte nicht alles sein, aber zu anderen Aktivitäten konnte sie sich alleine nicht aufraffen. Sie hatte sich doch vielleicht ein wenig überschätzt. Im Großen und Ganzen gefiel ihr der Urlaub schon, aber noch zwei Wochen, die konnten lang werden. Die Fremde kam nicht. Sie ließ sich den ganzen Tag nicht blicken.

Vielleicht konnte sie abends mal wieder zum Pier gehen? Sich mal wieder treiben lassen. In ihrem Reiseführer war für heute keine Veranstaltung vorgesehen. So packte sie ihre Sachen zusammen und auf dem Weg zum Hotel sah sie die Fremde wieder. Die Fremde ging die Straße entlang, stieg in einen Bus und war verschwunden, noch ehe sie sich hatte bemerkbar machen können. Missmutig schlenderte sie nach Hause, wenn man ein anonymes Hotelzimmer so bezeichnen konnte. Unterwegs hatte sie sich einen Hamburger gekauft, den sie nun ohne große Lust aß. Sie war froh, als die Nacht vorbei war, dieses Hotel kratzte an ihrer Seele. Nur noch eine Nacht, dann würde sie sich ohnehin nach etwas anderem erkundigen. Noch ein Tag am Strand, dann hatte sie wahrlich genug gefaulenzt.

Sie wollte sich noch umschauen, viel unternommen hatte sie bisher nicht. Sie hatte geplant, sich nur treiben zu lassen. Es gab so viel zu sehen, aber sie hatte nicht die rechte Lust dazu. Vielleicht sollte sie mal in die Stadt fahren. Über dieser Idee schlief sie ein.

Der neue Tag lockte mit Sonnenschein und schnell waren die düsteren Gedanken verflogen. Die Freude über die Entscheidung der Abreise ließ sie gut gelaunt den Tag genießen und als sie sich den neuen Plänen widmete, kam der Optimismus schnell wieder zurück.

„Könnten Sie wieder auf meine Sachen aufpassen?“

Die Stimme der Fremden riss sie aus ihren Träumen. Sie nickte still und schon war sie auf dem Weg zum Meer und ließ sich von den Wellen treiben. Sie schaute ihr zu und es belustigte sie, wie diese junge Frau mit ihr umsprang. „James, halten Sie mal!“ Mit anmutigen Bewegungen kam die Fremde wieder auf sie zu, ein Handtuch um die Schultern geschwungen. Heute wollte sie die Fremde nicht wieder so entgleiten lassen, schließlich würde sie morgen abreisen und ein Gespräch würde ihr sicher gut tun. Sie gab sich einen Ruck.

„Ich hätte Sie vorgestern gerne zu einem Kaffee eingeladen, aber sie waren so schnell verschwunden, dass ich keine Gelegenheit dazu hatte.“

Die Unbekannte schaute ihr frech ins Gesicht. Sie hatte sich vor ihr aufgebaut und begutachtete sie in aller Ruhe.

„Warum laden Sie mich nicht heute ein? Es darf auch ruhig ein Essen sein, hungrig bin ich auch."

Über so viel Frechheit war sie doch sprachlos.

„Wo wohnen Sie?"

Die Fremde ließ nicht locker. Langsam ärgerte sie sich darüber, diese Frau angesprochen zu haben, die sie immer noch spöttisch musterte.

Sie war jünger, vielleicht Anfang dreißig, schlank und braungebrannt. Ihre dunklen Locken hatten sich nass zusammengezogen und kleine Wasserperlen rannen herunter und tropften auf die Decke. Die Fremde musterte sie still mit ihren dunklen Augen. Dann ließ sie sich auf die Decke gleiten und machte es sich im Schneidersitz bequem.

„Was machen Sie hier?"

Die Unbekannte ließ nicht nach in ihrer Neugier.

„Urlaub? Sind Sie immer so sprachlos?"

Die Fremde richtete sich langsam auf, ohne einen Blick von ihr zu lassen. Mit derselben Gelassenheit nahm sie ihre Tasche von der Decke.

„Ach übrigens, sollten Sie Ihre Stimme wieder gefunden haben, ich habe immer noch Hunger! Um acht Uhr an der Bushaltestelle? Ich heiße Sharon."

Sie drehte sie sich um, verschwand zwischen den Palmen. Diese Frau hatte sie völlig aus dem Gleichgewicht gebracht. Sonst hatte sie es ja auch nur mit zivilisierten Menschen zu tun und nicht mit solch streunenden Katzen. Diese Sharon würde an der Haltestelle warten können, bis sich ihr der Magen vor Hunger kräuselte. Jawohl! Sie nahm ihre Sachen und stapfte, mit sich und der Welt hadernd, zurück ins Hotel.

Um sieben ging sie unter die Dusche und pünktlich um acht war sie an der Haltestelle. Sie musste über sich selbst lachen, Sharon war nicht da! Dann eben nicht!

Wahrscheinlich würde sie sich doch nur wieder ärgern. Als sie sich gerade wieder in Bewegung setzen wollte, sah sie Sharon auf der anderen Seite stehen. Sie lehnte an der Bushaltestelle und selbst über die Straße hinweg konnte sie erkennen, dass diese wieder einmal spöttisch grinste. Sie würde sich nicht provozieren lassen! Sie wollte einen netten Abend verleben und diesen Spaß würde sie sich nicht nehmen lassen, nicht einmal von einer Frau namens Sharon.

„Wollen Sie da drüben Wurzeln schlagen?“

Zu ihrem Erstaunen setzte sich Sharon langsam in Bewegung und kam auf sie zu. Sie baute sich vor ihr auf und schenkte ihr ein strahlendes Lächeln.

„Ich kenne da ein nettes Lokal ganz in der Nähe oder haben Sie einen besseren Vorschlag?“

Julia schüttelte den Kopf, Sharon setzte sich in Bewegung und sie ging schweigend neben ihr her.

Sharon entpuppte sich als amüsante Unterhalterin und langsam fing sie an, Gefallen an dem Abend zu finden.
„Wie heißen Sie eigentlich? Sie fragen mich immerzu aus und ich weiß eigentlich nichts von Ihnen.“

Sharon legte den Kopf ein wenig schräg und schaute wie ein liebes und unschuldiges Wesen. So hatte sie nichts von diesem unmöglichen Benehmen am Strand. Sharon hatte Recht. Sie hatte immerzu gefragt, hatte viel erfahren von dieser jungen Frau.

Neunundzwanzig war sie, hatte einen Job in diesem Disneyvergnügungspark. Drei Monate hatte sie dort gejobbt und in einer Woche waren diese drei Monate vorbei. Dann wollte sie Urlaub machen, den Rückflugtermin konnte sie laut Vertrag in den nächsten drei Monaten selbst festlegen. Sie wollte diese drei freien Monate ausschöpfen. Hatte noch keine Lust, wieder nach Deutschland zurückzukehren.

Sharon wusste viel über Los Angeles zu berichten. Sie kam an ihren freien Nachmittagen mit dem Bus runter zum Strand und dort war sie Sharon dann ja auch begegnet. Der Ober brachte den Wein und riss sie aus ihren Gedanken.
„Ich heiße Julia."

„Und?"

„Was und?"

„Was hat Sie nach Los Angeles verschlagen? Sie machen doch nicht vier Wochen Urlaub hier in dieser Stadt? Haben Sie sonst nichts gesehen? Was haben Sie gemacht die ganze Zeit?"

Vielleicht lag es am Wein, sicher lag es nur am Wein! Julia erzählte und erzählte. Von den gemeinsamen Jahren mit Paul, der Enttäuschung, der Flucht in den Urlaub, der Hilflosigkeit, dem Nichtweiterwissen. Es war, als sei ein Damm gebrochen, der nicht mehr zu halten war. Sharon hörte geduldig zu, fragte manchmal nach. Es schien auch unwichtig zu sein, dass sie eigentlich Welten trennten. Als

Julia ihre Geschichte erzählt hatte, fühlte sie sich erleichtert und müde. Sie hatte sich nie eingestehen wollen, dass sie diese ganzen Dinge so mitgenommen hatten. Dieser Fremden schüttete sie nun ihr Herz aus und es war, als könne sie nicht aufhören, bevor sie sich ihr ganz erklärt hatte. Erschöpft hielt sie inne und stutzte.

„Sie müssen sich ziemlich langweilen, da erzähle ich Ihnen nur solch unerfreuliche Dinge."

„Was haben Sie jetzt vor, Julia?"

„Ich weiß es nicht. Morgen werde ich mein Hotelzimmer räumen und mir ein neues Quartier suchen."

Sharon sah sie nur schweigend an. Der Ober kam und wollte kassieren. Es war ihnen gar nicht aufgefallen, dass sie hier schon längst die letzten Gäste waren.

Julia bezahlte und plötzlich machte sich eine betretene Stimmung breit. Sie hatte Sharon versprochen, sie nach Hause zu fahren. Nun hatte sie so viel getrunken, dass sie lieber nicht mehr fahren sollte. Sie hätte sich auch kaum zurechtgefunden. Fühlte sich nicht einmal fähig, sich ins Hotel zurück zu schleppen.

„Müssen Sie morgen arbeiten?"

Sharon nickte.

„Sie können sich morgen früh vom Hotel wecken lassen. Ich werde das veranlassen."

Sie hatte keine andere Lösung parat und so konnte sie ihr schlechtes Gewissen einigermaßen beruhigen.

Julia ließ sich gefallen, dass Sharon sie zurück ins Hotel

bugsierte, sie an dem verdutzten Portier vorbeischob, sie entkleidete und ins Bett verfrachtete. Kaum zugedeckt, war sie auch schon eingeschlafen.

Als sie am nächsten Morgen aufwachte, war sie allein. Alles drehte sich. Sie beschloss, erst einmal ihren Rausch auszuschlafen. Am Nachmittag ging sie hinunter zum Strand. Sie fühlte sich verlassen. Sharon hätte wenigstens eine Nachricht hinterlassen können! Sie verstand sich nicht mehr. Sie kannte diese junge fremde Frau kaum und doch hatte ihr der Abend viel bedeutet. Vielleicht hätten sie ein paar Tage etwas gemeinsam unternehmen können? Sie schlenderte durch die Einkaufspassagen und eigentlich war sie sich gar nicht mehr so sicher, wohin sie abreisen sollte.

Als sie ins Hotel zurückkam, wusste sie immer noch nicht, was sie tun sollte. Der Portier wollte wissen, wie lange sie noch bleiben wolle, sie hatte für keine weitere Nacht bezahlt.

„She will leave today."

Noch bevor sie sich umdrehte, wusste sie, wem diese Stimme gehörte.

„Aber wo fahre ich hin?"

Julia drehte sich um und sah in Sharons Gesicht, das sich langsam mit Röte überzog.

„Wir könnten uns zusammen ein Strandhaus mieten. Die Miete teilen. Für eine Woche."

Sie sah Julia fragend an.

„Ein Freund von mir hat eines zu vermieten, ist auch recht günstig."

Fast verlegen stand sie nun da. Julia verstand die Verlegenheit nicht.

„Wann können wir denn einziehen? Heute?"

Als Sharon nur nickte, drehte sich Julia entschlossen um und sie gingen in ihr Zimmer, um zu packen.

Das Strandhaus stand auf Pfählen, hatte zwei ineinander gehende Zimmer, eine Küche und ein Bad. Grässlich möbliert, aber sonst ganz nett. Julia gefiel es. Wenn sie da an ihr Hotelzimmer dachte. Allein die Aussicht entschädigte für alles. Tagsüber war sie allein, Sharon musste ja arbeiten. Sharon durfte Julias Auto benutzen. Julia vertrieb sich am Strand die Zeit und wartete auf Sharons Rückkehr von der Arbeit.

Sharon kaufte tagsüber ein und wenn sie zurückkam, drückte sie Julia stets riesige Tüten in die Hand und Julia durfte sich in der Küche tummeln. Abends saßen sie eingehüllt in Decken neben dem Grill, schauten aufs Meer und erzählten sich ihr Leben. Ihre Träume. Julia erzählte Sharon, dass sie gerne nach Malibu gefahren wäre, aber so alleine? Das wäre nichts, wenn man nicht richtig verliebt sei, es würde doch zu viel fehlen.

„Ein solch schöner Ort ist ohne Liebe eben nicht vollkommen. Was meinst du?"

Sharon blickte stumm aufs Meer, sie sagte von Tag zu Tag weniger. Die Zeit verging wie im Fluge. Das Häuschen war in drei Tagen zu räumen und dann würde nichts mehr daran erinnern. Julia freute sich auf den Rest ihres Urlaubs. Noch zehn Tage.

„Was hast du in der nächsten Woche vor? Du musst doch nicht mehr arbeiten. Hast du gar keine Pläne?"

Sharon schüttelte nur schweigend den Kopf, schälte sich aus der Decke und ging in ihr Zimmer. Julia verstand nichts mehr.

Es war alles so schön, so harmonisch, aber sie verstand Sharon manchmal nicht. Sie saß noch lange dort und blickte aufs Meer hinaus. Als sie später in ihr Zimmer ging und an Sharons Bett vorbeikam sah sie, dass Tränen ihre Spuren hinterlassen hatten. Sie nahm sich vor, mit Sharon morgen darüber zu reden.

Aber Sharon kam nicht. Der Wagen stand vor der Tür als Julia vom Strand kam, von Sharon war nichts zu sehen und zu hören. Julia war erst beunruhigt, dann wurde sie langsam wütend. Sie konnte das nicht begreifen.

Sie wartete lange, aber sie blieb allein. So ging sie zu Bett und versuchte zu schlafen, trotz der Wut in ihrem Bauch. Sie wurde wach, als sie ein Geräusch hörte. Ein Stuhl war gefallen. Julia machte Licht und schaute fragend auf eine völlig betrunkene Sharon. Die stand nun in der Zimmertür, hielt sich mit einer Hand am Rahmen fest, mit der anderen schwenkte sie den umgekippten Stuhl. Nuschelte ständig ein „tut mir ja so leid". Dann blickte sie stumm auf ihre Füße, als wären die ein zu erkundendes Neuland.

Julia stieg aus dem Bett und baute sich bedrohlich vor ihr auf.

„Weißt du eigentlich, wie wütend ich auf dich bin?"

Sharon nickte stumm.

„Der Wagen steht verlassen vor der Tür, du bist verschwunden. Was soll das? Ich bin stinksauer!"

Sharon rührte sich nicht. Julia nahm ihr entschlossen den

Stuhl aus der Hand. Dann schob sie Sharon zum Bett. Widerstandslos ließ sich diese ausziehen und ins Bett verfrachten. Sie hatte die ganze Zeit keinen Ton gesagt. Julia löschte das Licht und ging zu Bett.

Nach einer Weile hörte sie es nebenan rumoren, hörte Sharons Schritte auf dem Holzfußboden. Die Schritte blieben neben ihrem Bett stehen. Julia spürte, dass Sharon lautlos weinte, zog sie langsam zu sich herunter und hüllte sie in ihre Decke. Spürte, wie die Tränen auf ihrem T-Shirt nasse Spuren hinterließen. Sie streichelte Sharon übers Haar und langsam wurde diese ruhiger. Sie atmete langsamer und schlief schließlich erschöpft ein.

Julia verstand nichts mehr, es war doch nichts vorgefallen. Was war bloß mit ihr los? Sie lag noch lange wach und konnte nicht einschlafen. Sie würde sich ein Glas Milch holen und irgendwann dann auch einschlafen.

Julia drehte die schlafende Sharon zur Seite und ging leise in die Küche. Während sie das Glas leer trank, schlenderte sie zur Terrassentür und ihr Blick fiel auf Sharons Bett. Neben dem Kopfkissen lagen viele zusammengeknüllte Zettel. Julia setzte sich ans Kopfende und begann, die Zettel auseinander zu falten. Sie las und während sie die Zettel las, begann sie zu begreifen.

Malibu, Liebe, Sehnsucht. Zwei und doch allein. Auf allen anderen Zetteln stand nur ein Wort:
Julia

Sie saß dort wie erschlagen, die Zettel in ihrer Hand. Diese Tränen galten ihr. Ihr allein!

Tränen einer Frau an eine Frau.

Sie war wie vor den Kopf geschlagen. Das konnte doch

nicht wahr sein! Sharon hatte nie, nein, sie hatte nie von sich gesprochen. Hatte sie einer Frau Hoffnungen gemacht? Das konnte doch nicht sein!

Sharon war jung, zehn Jahre jünger, sicher nur eine Schwärmerei! Julia starrte auf die Zettel in ihrer Hand, die wie Feuer darin brannten. Dann schaute sie zu Sharon, die zusammengerollt in ihrem Bett lag. Die sie vorhin im Arm gehalten hatte. Die sie gestreichelt hatte. Deren Tränen sie noch auf ihrem T-Shirt spürte. Noch nie hatte sie daran gedacht!

Sie war doch „normal"!

Sie zerknüllte die Zettel in ihrer Hand und wusste nicht, wie sie das ungeschehen machen konnte. Sie hatte Sharons Geheimnis gelesen. Sie würde so tun, als wisse sie es nicht, sich wieder ins Bett legen und es wäre alles, wie es bisher war.

Vorsichtig legte sie die Zettel wieder dorthin, wo sie sie gefunden hatte. Dann ging sie langsam auf ihr Bett zu, schob sich vorsichtig auf die freie Seite und versuchte zu schlafen. Irgendwann drehte sich Sharon um und kuschelte sich an Julia. Julia lag wie erstarrt, ihre Gedanken rasten. Völlig erschöpft schlief sie sehr viel später ein.

Als sie aufwachte, lag sie immer noch auf dem Rücken. Sie hielt Sharon im Arm, die sich an sie geschmiegt hatte und als sie sich vorsichtig bewegte, spürte sie Sharons Hand auf ihrem Bauch. Sharons Atem strich langsam über ihr T-Shirt. Julia genoss die zärtliche, schlafende Sharon und zugleich schämte sie sich.

Sie streichelte Sharon langsam durch das Haar und als diese sich schlaftrunken an sie kuschelte, spürte sie, wie langsam eine Mischung aus Angst, Neugier und Begehren in ihr aufstieg.

Sie streichelte wie unter einem Bann vorsichtig weiter, aus Angst, der Zauber könne sich plötzlich verlieren. Warum eigentlich nicht? In einer Woche war ihr Urlaub zu Ende, dann würde alles wieder seinen Gang gehen.

Sharon lag wie erstarrt in ihren Armen, hielt die Augen geschlossen, aber Julia war nicht bereit, dieses Gefühl der Lust, das dort in ihr aufstieg, zu zerstören. Sie fuhr behutsam durch Sharons Haare, sanft mit ihren Nägeln über ihren Rücken, ihre Angst hatte sich verloren. Julia wusste, dass sie da etwas provozierte, was sie vielleicht nicht mehr bremsen könnte, aber gleichzeitig spürte sie, dass ihre Lust auch Sharons Lust weckte.

Sharon bewegte ihre Hand auf Julias Bauch und als diese sich zärtlich einen Weg zum Busen bahnte, glaubte Julia, ihr Herz werde ihr sogleich den Dienst verweigern. Sharon bewegte sich nur langsam, als habe sie Angst, eine schnelle Bewegung könne alles zerstören.

Julia schloss die Augen und küsste Sharon zart aufs Haar. Fuhr ihr mit der Hand durch das dichte Haar und als sie spürte, wie Sharons Lippen zart ihren Busen berührten, begann sie innerlich zu explodieren. Ihr Unterleib forderte und bebte, aber Sharon hatte es nicht eilig. Sie schien ihre Lust im Griff zu haben.

Julia zog Sharon zu sich und als sich ihre Lippen berührten, sich die Zungen zu einem verlangenden Kuss fanden, suchten die Hände von Julia Sharons Körper. Sie fühlte die zarte Haut, deren Geruch ihr so vertraut und nun doch so fremd war. Julia hörte ihren Herzschlag laut und deutlich. Sie spürte jeden Pulsschlag.

Sharons Hände wanderten über ihren Busen, streichelten

ihre Schenkel, fuhren langsam an den Konturen ihres Slips entlang, um sich dann einen Weg unter ihr T-Shirt zu bahnen. Sharon setzte sich auf und zog Julia langsam das T-Shirt über den Kopf, ohne sie dabei auch nur einen Augenblick aus den Augen zu lassen.

Ihre Hände fuhren sanft durch Julias Haar und genauso sanft aber bestimmt zeigten ihre Hände Julias Lippen den Weg zu ihrem Busen. Julia schmeckte die Haut von Sharon, ihre Hände erforschten ununterbrochen den Rücken, den sie so oft mit Sonnencreme eingecremt hatte, ohne dabei jemals ein Gefühl der Lust gespürt zu haben.

Es erregte sie, Sharon Lust zu bereiten, zu spüren, wie der Körper sich unter ihren Küssen zu winden begann. Sharon zog Julias Kopf zurück und ihre Zungen fanden sich zu einem langen und begehrenden Kuss. Sie ließ es zu, dass sich Sharons zärtliche Hände einen Weg in ihren Slip bahnten, sie biss in Sharons Lippen und forderte alles.

Sharon kam dieser Aufforderung nach und langsam bahnten sich ihre Lippen einen Weg über den Busen zum Bauch. Julia drehte sich, um sich ihres Slips zu entledigen. Sie wollte Sharon ganz nah bei sich spüren. Sie wollte berührt werden, wollte berühren. Sie wollte sich nicht nur erobern lassen. Sie wollte erobern, Lust bereiten, geben, nehmen.

Sie hatte keine Erfahrung, aber nichts schien ihr falsch. Sie spürte an Sharons Bewegungen, dass alles, wie es war, voller Vertrauen war. Sharon lag still auf der Seite und streichelte sie langsam. Sie drehte sich weiter herum und Julia ließ sie gewähren.

Sharons Lippen wanderten weiter, erforschten den Bauch, bissen langsam und zärtlich in ihre Beine. Julia glaubte sich einer Ohnmacht nahe.

Sie umschlang Sharons Beine mit ihren Armen und vergrub ihr Gesicht in ihrem Schoß. Sie hielt die Augen geschlossen und spürte die Wärme von Sharons erregtem Atem auf ihren Schenkeln.

Sie spürte, wie sich Sharon fordernd einen Weg zwischen ihre Schenkel bahnte. Als ihre Zunge in sie eindrang, begannen Tausende von Feuern in ihrem Unterleib zu explodieren und zogen sich durch ihren Körper, bis sie die Hitze in den Kopf trieben. Tränen der Erfüllung ergossen sich in Sharons Schoß, während sich Julias Fingernägel in ihren Rücken gruben.

So lagen sie lange regungslos, spürten die Schweißperlen zwischen ihren Körpern perlen. Mit diesem zärtlichen Gefühl schliefen sie erschöpft ein.

Sharon kam Stunden später benommen zu sich, als sie die Haustür ins Schloss fallen hörte. Das Motorengeräusch verschwand in der Ferne. Wie erstarrt blieb sie liegen. Sie brauchte nicht nachzusehen, um zu wissen, dass Julia weg war.

Wie betäubt ging sie unter die Dusche und ließ sich den heißen Wasserstrahl über die Wunden der letzten Nacht laufen. Ihr Rücken brannte wie Feuer, aber diesen Schmerz spürte sie nicht.

Sie wartete den ganzen Tag, die ganze Nacht, Julia blieb verschwunden. Sie räumte auf, beseitigte still die Spuren ihrer Zweisamkeit. Als sie ihr Bett bezog, fand sie die vielen kleinen Zettel, zerriss sie in lauter kleine Schnipsel und ließ sie aus dem Fenster fliegen. Mechanisch sorgte sie für Ordnung. Abends betrank sie sich und die Müdigkeit ließ sie erschöpft zur Ruhe kommen. Morgen mussten sie das Haus geräumt haben und dann? Sie hatte den ganzen Wein geleert, um nicht darüber nachdenken zu müssen.

Am frühen Morgen fuhr ein Wagen die Auffahrt zum Haus herauf und riss Sharon aus dem Schlaf. Mit ein paar Sätzen war sie an der Tür. Julia lehnte am Wagen. Schweigend sahen sie sich an.

„Möchtest du mit mir nach Malibu?"

Sharon nickte. Ihr Hals war wie zugeschnürt. Julia ging an ihr vorbei ins Haus und holte die Sachen. Sie erledigten die Schlüsselübergabe und gingen dann zur Tagesordnung über, als sei nichts geschehen.

Julia hatte viele Pläne gemacht und sie vertrieben sich die Zeit mit tausend Unternehmungen. Eine traute Zweisamkeit ließen sie nicht mehr aufkommen. Diesen Morgen hatte es einfach nicht gegeben. Sie hatten viel Spaß und der Urlaub von Julia ging unerbittlich seinem Ende zu. Sie hatten Schallplatten gekauft und abends in ihrem Haus in Malibu gehört. Hatten gegrillt, waren oft schwimmen, die Woche ging schnell vorüber. Julia würde in drei Tagen wieder nach Hause fliegen. Sharon würde zurückbleiben und es wäre, als sei nie etwas geschehen. Sharon hatte nie gefragt, wo Julia gewesen war und Julia hatte nichts gesagt.

Sharon hatte Julia ein Los Angeles gezeigt, das sie nicht schöner hätte selbst entdecken können. Sie waren über den Santa-Monica-Boulevard geschlendert, hatten sich vor dem Chinese Theatre die Zeit vertrieben. Waren über den Sunset Boulevard gebummelt, mit dem Wagen durch die Straßen von Beverly Hills flaniert. Hatten sich auf dem Rodeo Drive dem Schaufensterbummel hingegeben. Ihre gemeinsamen Tage vergingen im Flug.

Sharon wusste viel über das Los Angeles der Amerikaner zu berichten, ein L.A., wie es nicht im Reiseführer stand. Sie machten Ausflüge in die Berge von Santa Barbara, ließen sich treiben. Wenn sie in ihr Haus zurückkehrten, waren sie erfüllt von den vielen Eindrücken.

Ihr Haus. Der weiße Holzzaun, der das Haus von den Nachbargrundstücken trennte, stand in grellem Kontrast zum Idyll, in dem es stand. Zur Straße hin schloss das Haus ab und es gab auch keine Fenster. Sie hätten auch nichts entdecken können.

Die Küstenstraße, auf der sich zweimal täglich die Blechlawinen vorbeiquälten, sie war keine Aussicht wert. Die Veranda gab den Blick auf das offene Meer frei und wenn sie dort saßen und der Geruch von Gegrilltem den Hang hinaufzog, die Sonne langsam im Meer versank, sich kleine weiße Segel am Horizont tummelten, dann hätte die Zeit stehen bleiben können.

Sie saßen dort allabendlich nach erfülltem Tag, teilten ihre Eindrücke und Erlebnisse beim Wein und ließen sich einlullen von der Musik. Wie lange war es her, dass sich Julia Schallplatten gekauft oder auf einer Veranda gesessen hatte, um sich einfach dem faulen Leben hinzugeben?

Hamburg, alles schien in immer weitere Ferne zu rücken. An eine Heimreise wollte Julia nicht denken. Wie schnell würde sie sich wieder mitreißen lassen vom Alltagstrubel, von der Hektik der Großstadt. Dieser Gedanke musste schnell vertrieben werden. Ihre Gedanken schweiften zurück zu den letzten Tagen, die sie hier in Malibu verlebt hatten.

Sie war froh, in Sharon einen Menschen gefunden zu haben, der sich unaufdringlich in ihr Leben einfügte. Sharon, die morgens mit einem fröhlichen Pfeifen ins Auto sprang, um dann wenig später mit Frühstück zurückzukehren. Kaffeeduft, der wie selbstverständlich durch das Haus zog. Von dem sich Julia stets schnell überreden ließ, dem Bett zu entfliehen. Sie waren immer früh auf.

Sharon liebte es, eingehüllt in einem dicken Pullover auf der Veranda zu sitzen.

„Ich muss einfach jeden Tag begrüßen."

Jeden Morgen sagte sie das, wenn Julia mit zerwühltem Haar verschlafen in der Tür stand, sich dann fröstelnd in die Decke grub, mit beiden Händen Wärme am Kaffeebecher suchte und sich mit derselben Trägheit dem Frühstück widmete. Sharon hatte jeden Tag neue Pläne und Julia ließ sich nur zu gerne mitreißen.

Wenn sie an ihre ersten beiden Urlaubswochen dachte, musste sie oft über sich selbst lachen. Wie eine alte und vergrätzte Frau war sie hierhergekommen. Mit sich und der Welt hadernd. Hatte die Schönheiten, die sich ihr offenbarten, ignoriert. Nein, sie hatte sie auch nicht sehen wollen! Wollte sich nur in ihrem Schmerz aalen.

Den ganzen Tag lag sie nun schon auf der Veranda, die auf hohen Pfählen über dem Strand aufragte. Wenn sie sich anstrengte, konnte sie durch kleine Ritzen im Holz unter sich den Sand sehen. Sie griff nach ihrem Buch, vertrieb sich beim Lesen, von Musik aus dem Walkman begleitet, den Tag. Sharon hatte irgendetwas gemurmelt, sich die Autoschlüssel geschnappt und das Summen des Motors war rasch in der Ferne verschwunden.

Julia war zu faul, um zu fahren. Sie hatte es genossen, dass Sharon nur zu gerne fuhr. Ohne auf den Verkehr achten zu müssen, durch den Sharon sich scheinbar mühelos einen Weg bahnte, konnte sie sich so ganz den Eindrücken hingeben, brauchte sich nicht zu kümmern. Sie genoss ihre gemeinsamen Ausflüge.

Sharon. Ihre Gedanken schweiften oft ab von ihrer Lektüre zu dieser jungen Frau. Wer war sie, dass sie sie so verwirrte? Sie hatte sich eingeschlichen in ihr Leben mit einem frechen Grinsen. Sie liebte dieses Grinsen an Sharon. Erfahren hatte sie nicht viel von ihr in den vergangenen Tagen. Wenn sie Sharon nach ihren Plänen fragte, erntete sie selten eine Antwort. Meist musste sie sich mit diesem, ihr so vertrauten, Grinsen begnügen. Sharon schien sich um Dinge wie Zukunft keine Sorgen zu machen. Sie hatte nach dem Abitur ihre Zeit als ewige Studentin genossen, sich in den Semesterferien mit Jobs ihr Geld zum Reisen verdient. Hatte eine Menge gesehen, aber der Sonnenstaat Kalifornien hatte es ihr angetan.

Sie hatte noch so viel Zeit, um erwachsen zu werden, wie sie den Berufsalltag nannte. Ein festes Arbeitsverhältnis einzugehen, dazu hatte sie sich nicht entschließen können. Hatte noch einmal ausreißen wollen. Die Kündigung ihrer Studentenbude hatte sie als Wink des Schicksals genommen. Sie war gezwungen auszuziehen. Ohne Arbeit war die Suche nach einer Wohnung aussichtslos.

Dann kam das Angebot, nach Disneyland zu gehen. Drei Monate schlecht bezahlte Arbeit, dafür aber einen freien Flug mit offenem Rückflugtermin. Drei Monat Arbeit, drei Monate Urlaub. Sharon hatte nicht lange überlegen müssen.

Es schien niemanden zu geben, der sie vermissen könnte und sie sprach auch nie darüber. Julia hätte gerne mehr erfahren. Sie konnte sich nicht vorstellen so zu leben, nach all den Jahren, in denen sie zufrieden einen Tag nach dem anderen abgehakt hatte. Sharon konnte darüber nur den Kopf schütteln.

„Wie kannst du freiwillig in der Wüste leben, so lange es Orte wie Malibu gibt? Zufriedenheit ist eine Ausrede für Langeweile, das sich Ergeben in Untätigkeit. Keine Neugier mehr zu haben, heißt auch, nicht mehr zu leben!“

Ja, Sharon hatte nicht viel mit ihr gemeinsam. Oft erinnerte sie Julia an eine streunende Katze. Julia hatte immer genau wissen wollen, woran sie war. Hatte ihren Job, der ihr gewisse Vorteile bot. Julia hatte versucht zu argumentieren, dass sie beide nicht hier sein könnten, wenn sie nicht einen so einträglichen Job hätte. Da hatte Sharon laut und erfrischend gelacht, hatte sich stundenlang darüber amüsieren wollen.

„Ich bin aber auch hier, wo ist mein Job?"

Trotz aller Verschiedenheiten hatten sie einen guten Draht zueinander gefunden. Julia ließ sich nur zu gerne von der ewig quirligen Sharon anstecken, die jeden Tag mit einem Pfeifen begann. Einem Lächeln auf den Lippen, welches sie den ganzen Tag zu begleiten schien. Sharon! Julia seufzte einmal ganz tief. Wie würde das werden, ohne Sharon? Würden sie sich wiedersehen? War es nicht ohnehin ein Hohn, dass zwei Menschen, die jahrelang in einer Stadt gewohnt hatten, sich dort nie begegnet waren? Wie würde Sharon in dieser Umgebung sein? Julia konnte sich das nicht vorstellen.

Sharon, die am liebsten in Jeans, Jeanshemd, Turnschuhen und Stirnband durch die Gegend zog. Würde sie überhaupt zurechtkommen in der so anderen Welt? In der Hektik der Großstadt? Sharon bekam immer einen dieser seltsamen Blicke, wenn Julia versuchte, ihr den Ernst des Lebens näher zu bringen. Sie wusste sich immer geschickt aus der Affäre zu ziehen.

„Wo sollte ich auch hin? Ich habe nicht einmal eine Wohnung."

Ob sie ihr anbieten konnte, bei ihr zu wohnen? Julia bereitete die Vorstellung, wieder in ihre leere Wohnung zurückkehren zu müssen, kein Vergnügen. Ihre Fluchtburg, in der noch nicht einmal Möbel standen. Ja, sie würde es ihr anbieten. Waren sie nicht gut genug befreundet? Es bereitete ihr Unbehagen Sharon hier zurückzulassen, ohne Gewissheit, sie je wiederzusehen.

In ihrer geordneten Welt war für Träume nie viel Platz gewesen. Allein ihr Gepäck! Julia war gegen jede Eventualität gewappnet. Sharon hatte ihre gesamten Habseligkeiten in einer überdimensionalen Tasche untergebracht und es schien ihr nicht das Geringste auszumachen, dass sich ihre gesamte Garderobe auf fünf Kleiderbügeln unterbringen ließ.

Julia hatte es sich nicht nehmen lassen, ihr ein paar schöne Stücke zu kaufen. Es machte ihr Spaß, die Verlegenheit der sonst so frechen Sharon herauszulocken. Sie hatte auch nicht widerstehen können, als sie sich die Jeans und das Hemd, dieses Himmelblau, auf der braunen Haut von Sharon vorgestellt hatte. Es hatte viele Überredungskünste gebraucht, bis sie Sharon so weit hatte, die Geschenke von ihr anzunehmen.

Als sie den Wagen vor dem Haus hörte, fiel ihr Blick auf die Uhr. So spät? Was hatte Sharon nur schon wieder den ganzen Tag getrieben? Ihre Tage schienen immer zu kurz zu sein.

„Hallo, hallo."

Julia folgte diesem Ruf und ging durchs Haus, um einer voll beladenen Sharon die Tür zu öffnen.

„Hast du L.A. ausgeraubt?"

Ein Grinsen war die Antwort.

„Was weißt du denn von L.A.?"

Tja, da hatte Sharon nur zu recht.

Bis vor zwei Wochen hatte sie nicht gewusst, dass in dieser Stadt dreizehn Millionen Menschen lebten und fast achtzig Sprachen gesprochen wurden. Dass sich auf diesem riesigen Areal einhundertachtundsechzig Städte tummelten. Sharon hatte ihr einen Schnellkurs in Touristik verpasst. Eine pulsierende Stadt, die, so hässlich Julia sie auch fand, an Anziehungskraft nichts vermissen ließ. Dieses Leben, so vielfältig, so gegensätzlich. Menschen, die sich trotz der Erdbebengefahr nie davon hatten abbringen lassen, dort ihre Häuser zu bauen. „Tourist" hatte Sharon sie belustigt genannt.

„Glück und Schönheit lohnt es sich immer zu verteidigen!"

Sharon warf solche Sätze belanglos in den Raum und doch wusste Julia, dass sie nur ein Zitat für lange Grübeleien waren. Sharon saß oft unten am Grill und schaute lange ins Feuer. Oder sie lag in der Sonne und schaute stundenlang dem Treiben der Wellenreiter zu, die dort lange regungslos auf ihren Brettern verharrten. Die plötzlich, ohne eine für Julia erklärbare Veränderung, lebendig auf ihren Brettern wurden und sich dann von den tosenden Wellen, die aus dem Nichts zu kommen schienen, an den Strand werfen ließen.

Julia konnte nie recht ausmachen, ob Sharon wirklich den Surfern bei ihrem Spiel auf dem Wasser folgte oder ob sie nur gedankenverloren aufs Meer schaute, die Surfer nur als Vorwand nahm.

Nun stand sie voll beladen in der Tür, schob sich an der staunenden und verblüfften Julia vorbei, stellte die Tüten auf den Tisch und verschwand mit einem „Was-bin-ich-geschafft"-Seufzer unter der Dusche. Julia stand immer noch sprachlos mitten im Raum.

„Was hast du getrieben? Hast du dein ganzes Geld auf den Kopf gehauen?"

Keine Antwort, nur ein schrecklicher Gesang, der sogar das Rauschen des Wassers übertönte. Julia schüttelte den Kopf und zog sich wieder auf die Veranda zurück. Sharon würde sich schon erklären. Irgendwann. Stunden später, wie immer.

Eine strahlende Sharon kam wenig später mit den Tüten unter dem Arm nach draußen.

„Ich habe gleich Fleisch für den Grill mitgebracht. Ich dachte, wir essen hier zu Hause."

Zu Hause. Wie das klang. Aber war es nicht auch so? Julia seufzte. Sie musste Sharon unbedingt sagen, dass sie bei ihr wohnen könnte. Vielleicht würde sie dann auch wieder mit nach Hamburg wollen? Julia wusste selbst nicht, was ihr so in den letzten Wochen alles durch den Kopf schoss. Ihr Leben, klar und geordnet, war völlig aus den Fugen geraten.

Na ja, Urlaubsstimmung. Sie schalt sich selbst eine Närrin. Was waren das bloß für Gedanken? Sie musste sie wieder verwerfen. Sie war schließlich eine erwachsene Frau von fast vierzig und kein Schulmädchen mehr, obwohl sie sich dessen in der letzten Zeit gar nicht mehr so sicher war.

Sie hatte Sharon oft abends zu Bett gehen hören, hatte in die Nacht gelauscht. Sharons Schritte auf dem Holzfußboden gehört. Sharon, die sich nachts immer noch eine eiskalte Coke ans Bett holen musste. Hatte oft gelauscht, ob die Schritte nicht auf ihre Türe zugingen, die sie nie verschlossen hielt. Wie oft hatte sie sich bei dem Gedanken ertappt, dass sie nicht nur an Freundschaft dachte, wenn sie die Schritte auf dem Holzfußboden tapsen hörte.

Erst gestern hatte sie wieder lange in der Tür gestanden und Sharon beobachtet, die zusammengerollt auf ihrem Bett lag. Nur mit einem Slip bekleidet, das Kissen im Arm, so hatte sie dort gelegen. Das hereinfallende Licht schien auf ihren gebräunten Körper, der dort friedlich lag. Sie musste an ihren Morgen denken, an ihre Flucht, ihre Rückkehr.

Nie mehr hatten sie über das Vorgefallene gesprochen, mit keinem Wort erwähnt, dass je etwas vorgefallen war. Sie hatte Sharon nie mehr weinen sehen, seit damals. Sharon hatte sich im Griff, ließ keine zu vertraute Zweisamkeit aufkommen. Vielleicht war das der Motor ihrer Quirligkeit?

Sie hatte lange dort gestanden und zugesehen, wie der Atem leicht und regelmäßig Sharons Schlaf begleitete. Hatte ihren Schlaf bewacht.

Als sie später wie benommen in ihr Bett kroch, konnte sie keine Ruhe im Schlaf finden. Nahm sich selbst in den Arm und wiegte ihren Körper sanft hin und her. War aufgewühlt und konnte nicht zur Ruhe kommen. Ihre Hände streichelten über ihren erhitzten Körper und wenn sie die Augen schloss, tauchte immer wieder ein Bild vor ihr auf.

Zwei Frauen, die in wilder Umarmung lagen. Ein Bild, das sie nicht mehr losgelassen hatte, seit jenem Morgen. Zwei Körper, die aufgewühlt worden waren vom Wunsch nach Lust. Die sich fremd und doch so vertraut gewesen waren. Dieser Gedanke ließ sie nicht mehr los. Sie ließ ihre Hände mit ihrem Körper spielen, verlor sich in Gedanken an ihre Lust und sank lange Zeit später erschöpft und sanft in ihre Kissen zurück.

Sharon riss sie aus ihren Gedanken. Hitze stieg in ihr auf. Sie fühlte sich ertappt.

„Madame sind heute nicht anwesend?"

Sharon grinste mal wieder spöttisch. Was war das nur, das sie so hilflos zu machen schien?

Sharon verschwand mit einem leisen Lachen, war aber kurze Zeit später mit zwei Gläsern wieder zurück. Noch einmal verschwand sie und nun kam sie voll beladen mit den Tüten auf Julia zu. Das Geheimnis der Tüten wurde gelüftet:

Zum Vorschein kam ein Berg von Obst, etliche dieser unvermeidlichen Dosen Coke, ein paar Pakete Grillfleisch. Ein in Geschenkpapier gewickeltes Geheimnis. Sharon legte es scheinbar gleichgültig neben den Sessel. Ein paar kleine Päckchen wurden dazugelegt.

„So, das Fleisch muss in die Kühlung, aber ich komme zurück, my Lady."

Sharon verschwand, nahm bei ihrer Rückkehr Julias Hand, zog sie aus dem Sessel und die Stufen hinunter zum Strand. Noch einmal jagte sie nach oben und kam nun, mit den kleinen Päckchen unterm Arm, das große mit den Zähnen an der Kordel gepackt und den Getränken in den Händen, zurück. Langsam, als befördere sie größte Werte, kam sie die Stufen herunter. Julia blickte sie fragend an.

„Voilà."

Sharon plumpste in ihrer flapsigen Art neben sie in den Sand.

„Auf unseren Urlaub."

Sie legte die kleinen Pakete vor Julias Füße und schaute sie erwartungsvoll an.

„Für mich?"

Ein Nicken folgte. Als Julia das Papier löste, folgten ihr zwei erwartungsvolle Augen. Fotos! Die Fotos ihrer zwei gemeinsamen Wochen. Julia auf dem Hollywood Boulevard, unter dem Hollywood Schild, am Strand, auf dem Santa-Monica-Pier, in Beverly Hills, Julia in allen Farben.

Sie musste lächeln bei dieser Fotoreise durch die letzten Wochen, die ihr so kurz erschienen und doch so lang. Was hatten sie nicht alles gesehen. Sharon vor dem Chinese Theater, vor dem Wachsfigurenmuseum, am Strand von Venice. Die Fotos, auf denen sie vor dem Haus lagen. Wenn sie noch an den Spaß dachte. Der Selbstauslöser war immer dann losgegangen, wenn sie es am wenigsten erwartet hatten.

Sharon mussten diese Fotos ein Vermögen gekostet haben. Strahlend sah sie sie an. Es schien Sharon ein riesiges Vergnügen zu bereiten, Julia beim Betrachten der Fotos zu beobachten.

„Hast du mal daran gedacht, wieder nach Hamburg zu gehen?"

Julia schaute fragend auf. Das Licht in Sharons Augen verschwand blitzartig.

„Hm ..."

„Du könntest die erste Zeit bei mir wohnen, mir beim Einrichten helfen."

Sharon sagte nichts. Hielt ihr schweigend den nächsten

Stapel Fotos hin.

Ihr Ausflug in die Berge. Hoch über dem Strand von Malibu, das rote Auto hob sich grell gegen den Rest des Bildes ab. Ihre Autopanne, der Nagel im Reifen, Sharon beim verzweifelten Versuch ihn zu wechseln. Sie hatten dieses Foto gemacht, über den Dächern von Malibu. Waren spazieren gegangen, Sharon hatte Fotojagd auf Julia gemacht.

Dann wollte Julia ein gemeinsames Foto haben. Sie hatten sich einen schönen Platz gesucht, hinter sich das Meer in vielen Farben, angestrahlt von der Abendsonne. Das Auto musste als Stativ herhalten. Sie hatten den Selbstauslöser gedrückt. Julia saß auf dem Felsen, Sharon musste sich beeilen, damit sie auch noch aufs Bild kam. Mit Riesensätzen war sie angekommen, wollte sich vor dem Felsen hinsetzen, aber Julia hatte sie im letzten Moment geschnappt und zu sich auf den Felsen gezogen.

Sie hatte in ihren Armen gelegen. Sharon hatte Julias Atem in ihrem Nacken gespürt, die Hände auf ihrem Bauch. Die Arme, die sie zärtlich umschlungen hielten. Beklommenheit hatte sich breit gemacht. Der Selbstauslöser hatte dieses Bild eingefangen und noch lange hatten sie so dagesessen. Sie hatten sich beide nicht gerührt.

Julia hatte die Augen geschlossen und ihren Kopf auf Sharons Schulter gelegt. Sharon hatte ihre Hände in Julias gelegt und so saßen sie damals dort, regungslos, bis die Sonne untergegangen war und sie zum Aufbruch zwang. Sie hatten die ganze Zeit kein Wort gesprochen und es gab auch nichts zu sagen.

Wo war dieses Foto? Julia sah alle Fotos noch einmal durch. Es war nicht dabei. Sie blickte kurz auf, nein, sie würde nicht fragen. Freunde wollten sie sein, dieses Bild sprach von Liebe!

Sharon schob ihr das große Paket zu.

„Ein Riesenfoto?"

Sharon grinste nur. Zuckte die Schultern in scheinbarer Hilflosigkeit. Dann lehnte sie sich zurück und ließ Julia nicht mehr aus den Augen. Das Badelaken! Als sie das Paket öffnete, schoss ihr dieser Gedanke durch den Kopf. Das Badelaken. Rodeo Drive. Sie waren über den Rodeo Drive geschlendert, die teuerste Meile von Los Angeles. Waren durch die Geschäfte gebummelt, hatten nichts gekauft. Es war fast unerschwinglich. Dann hatten sie das Badelaken entdeckt. Ein Stoßseufzer war Julia entrückt.

Ein riesiges Laken, himmelblau. Darauf der Strand von Malibu und ein kleines weißes Holzhaus, dessen Veranda sich zum Meer streckte. Ihr Haus! Als sie den Preis sahen, musste sie gleich noch einmal seufzen. Sündhaft! Sie hatten lange davor gestanden, aber der Versuchung widerstanden.

Sharon traf ein strafender Blick.

„Hast du eine Bank überfallen?"

„Scheint so, was? Die Fotos kannst du behalten."

„Das Badelaken nicht?"

Sharons Grinsen war frecher als je zuvor.

„Ich werde mich ums leibliche Wohl kümmern."

Sprach es, erhob sich und machte sich gleich darauf am Grill zu schaffen.

„Hast du eigentlich schon einen Rückflugtermin?"

„Ja, ja."

Sharon brummte es leise und widmete sich dann wieder dem Grill.

„Wann fliegst du zurück, hast du schon Pläne?"

Sharon ließ sich in ihrer Arbeit nicht beirren. Julia stand auf, stellte sich hinter sie. Legte die Arme um Sharon und schaute ihr über die Schulter, während diese scheinbar gelangweilt versuchte, das Feuer in Gang zu bringen.

„Was ist denn nun?"

Sharon schickte einen Stoßseufzer in den Himmel.

„Herrgott noch einmal, ich habe nichts vor. Nichts jedenfalls, was sich mit Vernunft begründen ließe. Vielleicht werde ich dich besuchen. Ich kann meinen Flugtermin ja selbst bestimmen. Vielleicht mag ich Malibu ja auch gar nicht mehr. Ist doch eine große Verlockung, in drei Tagen in Hamburg im Regen zu stehen und nicht zu wissen, wann die Sonne mal wieder scheinen wird."

Julia ließ Sharon unwillig los.
„Dann bleib doch, wo du bist!"

Streunende Katzen sollte man nie aufhalten.

„Ich gehe jetzt duschen!"

Julia schnappte sich das Badelaken und stapfte wütend ins Haus. Unter der Dusche konnte sie ihrem Unmut endlich Luft machen. Was hatte sie auch erwartet? Dass Sharon sagte, ja, gerne komme ich mit nach Hamburg? Alles wird schön und bunt? Hätte sie das erwarten können, wollte sie das überhaupt?

Hier war alles anders. Keiner kannte sie. Sie konnten unbeschwert sein. Würde Sharon im kalten Norden, wie sie ihn immer nannte, auch pfeifend den Tag beginnen? Was sollte sie ihren Freunden sagen, ihren Eltern? Ich habe mich in eine Frau verliebt? Sie musste selbst den Kopf schütteln. Was bildete sie sich ein? Hatte Sharon je Anstalten gemacht, sie halten zu wollen? Sie hatten nie ein Wort verloren über Gefühle. Hatten sie ausgeklammert aus ihrem Leben.

Sie hatte Sharon in langen Vorträgen die Ernsthaftigkeit ihres Lebens erklären wollen. Hatte Rechtfertigungen gesucht für eine Flucht. Hatte mit sich gehadert, weil sie sich nicht stellen wollte. Wollte sich lieber flüchten in traute Gewohnheit. Was hatte sie erwartet? Hatte sie Sharon nicht immer zu verstehen gegeben, dass sie so verschieden waren? Sharon hatte nie versucht, sich ihr zu nähern.

Julia musste über sich selbst den Kopf schütteln. Entschlossen drehte sie den Hahn ab und griff nach dem Badelaken. Als sie sich darin einhüllte, bemerkte sie, dass es nach Sharons Parfum roch. Tief sog sie den Duft ein und ließ sich betören von diesem ihr so vertrauten Geruch. Sie musste verrückt sein! Unwillig schüttelte sie den Kopf. Albern! Wie ein Backfisch!

Langsam musste sie sich beeilen, der Duft von gebratenem Fleisch zog schon bis ins Haus hinauf. Sie würde Sharon gleich ihren Pullover mitbringen, dann müssten sie ihr Essen nicht wieder unterbrechen. Sie machte kehrt und hinterließ nasse Spuren auf dem Boden.

Der Pullover war wie immer lässig durch das Zimmer geflogen und neben dem Sessel gelandet. Typisch Sharon. Als sie sich danach bückte, fiel ihr Blick auf ein umgedrehtes Foto. Sie setzte sich aufs Bett und bevor sie das Foto umdrehte, wusste sie, dass es „ihr" Bild war.

Ihr Ausflug in die Berge. Sie beide. Eng umschlungen auf dem Felsen. Sie zog das Laken enger und spürte, wie sich ihr Herz mit Traurigkeit füllte. Verlegen zupfte sie an ihrem Laken und als sie das Foto wieder an seinen Platz zurücklegte, bemerkte sie die Stickereien am unteren Rand des Lakens. Die waren ihr im Geschäft gar nicht aufgefallen.

Auf dem Weg zur Veranda blieb sie im Licht stehen, das von der Lampenkette ins Zimmer fiel. Nein, diese Stickereien waren im Geschäft noch nicht auf dem Laken gewesen. Im Schein der bunten Lampen konnte sie die schwarze Schrift nur schwer entziffern.

„Ein so schöner Ort ist ohne Liebe nie vollkommen * love forever * Sharon."

Julia stand schweigend in der Tür. Sharon hantierte immer noch am Grill und drehte ihr den Rücken zu. Julia beobachtete Sharon, die dort nun regungslos stand. Sie wusste, Sharon blickte aufs Meer, ohne es zu sehen.

Ob Sharon wusste, wie schön sie war? Sie hatte ihre kurzen Jeans an und das Hemd über dem Bauch geknotet. Dieser helle Stoff auf der braunen Haut. Sharon, die ihr aus dem Weg ging, wann immer sich eine Spannung zwischen ihnen anbahnte.

Julia wusste, dass sie allein den Schlüssel für alles bei sich trug. Nicht Sharon, nein, sie war weggelaufen. Hatte sich geschämt, sich Vorwürfe gemacht, gleichzeitig Sehnsucht gehabt. Wusste nicht ein noch aus. Hatte nie solches Begehren in sich gespürt. Der Wunsch, Sharon spüren zu wollen, machte sie ganz verrückt.

Zwei Tage noch, dann war sie auf dem Weg nach Hause. Sie musste nur vernünftig sein. Diese zwei Tage noch. Sharon war jünger als sie. Zehn Jahre. Das war nicht von der Hand zu weisen. Würde sie überhaupt wieder in Deutschland leben wollen? Julia dachte an ihr neues Zuhause, eingerichtet hatte sie es ja noch nicht. Und wenn sie beide dort ...? In ihrem Kopf drehte sich alles.

Sharon hatte nie etwas gesagt. Liebe, Gefühle, Sehnsucht, Zukunft, als habe sie alleine einen Traum gehabt. Julia stand immer noch in der Tür, als sich Sharon plötzlich umdrehte. Julia hielt ihrem Blick stand.

Sie wusste, dass es so nicht weiterging. Sharon sah sie nur an, sagte kein Wort. Julia ging langsam auf sie zu und ließ sie dabei nicht aus den Augen. Sie waren noch fünf Schritte voneinander entfernt und konnten doch ihre Nähe spüren. Julia löste den Knoten aus ihrem Badetuch und ließ es zu Boden gleiten. Sharon regte sich nicht, völlig bewegungslos verharrte sie.

Julia ging weiter auf Sharon zu, die dort immer noch wie erstarrt stand. Julia nahm ihr Gesicht und küsste sie zart auf den Mund. Sharon sah sie schweigend an. Julia löste den Knoten ihres Hemdes und ließ es zu Boden gleiten. Sharon hatte sie gewähren lassen, sich aber nicht gerührt. Sharon blieb regungslos stehen.

„Nimm mich in den Arm, bitte!"

Julia hatte sich noch nie so bitten hören, es schien, als hätten sich ihre Sehnsüchte verselbstständigt. Sharon bückte sich langsam, streckte sich nach dem Badelaken aus, hob es auf, drehte sich langsam herum. Nahm Julia an die Hand und ging mit ihr die paar Stufen hinunter zum Strand. Sharon ließ das Badetuch zu Boden gleiten und zog Julia mit sich herunter. Der Sand war aufgewärmt vom Tag, der Grill knisterte und nichts sonst unterbrach die Stille. Sie konnten das Meer rauschen hören. Ein kleines

Paradies, eingezäunt von einer weißen Holzwand.

Sharon legte sich zurück in den warmen Sand und schloss die Augen. Immer noch sagte sie kein Wort. Julia bedeckte ihr Gesicht mit zärtlichen Küssen, rückte noch näher. Nur langsam verschwand die Abwehr von Sharon.

Julia wollte sie berühren, sie streicheln, sie spüren. Als Sharon anfing, ihre Küsse zu erwidern, stieg Verlangen in ihr auf. Sie hatte Angst, Sharon zu berühren. Angst, sich eine Abfuhr zu holen. Abrupt richtete sie sich auf.

„Sharon?"

Sharon blickte fragend auf.

„Sag mir, dass du nicht möchtest, dass ich dich berühre, dass du mich nicht begehrst, dass ich mich irre, wenn ich..., ach, verflucht!"

Sie sprang auf, wollte zurück ins Haus, aber Sharon, die bisher regungslos verharrt hatte, war schneller als Julia. Holte sie mit ein paar Schritten ein und stellte sich ihr in den Weg. Ihre Küsse waren Antwort genug.

Sharon ließ Julia gewähren, gab sich ihren fordernden Küssen hin. Sie spürte Julias Hände, die sich einen Weg am Rückgrat entlang bahnten. Julia sank langsam vor ihr auf die Knie, sie spürte ihren Atem auf der nackten Haut. Spürte die suchenden Hände auf ihrem Po, an den Schenkeln, wusste, dass sie das nicht mehr lange ertragen konnte. Sie hörte das Zurren ihres Reißverschlusses und als sie zu Julia in den Sand sank, beförderte sie ihre Jeans mit einem eleganten Schwung außer Reichweite.

Sie genoss Julias Erregung, die ihre eigene mit sich fortriss. Julia streichelte Sharons Busen und bahnte sich langsam einen Weg zu ihrem Schoß. Sie musste Sharon spüren, sie konnte sie so nicht gehen lassen.

Diese Nacht war ihre Nacht. Als sie die Innenseiten von Sharons Schenkeln küsste, konnten ihre Hände spüren, wie die Bauchmuskeln bebten. Sharon vergrub ihre Hände in Julias Haaren. Diesen blonden Locken, die sich auf ihrem Bauch ausgebreitet hatten. Sie wollte sich nicht ganz hingeben, versuchte Julia mit sanfter Gewalt zu sich hochzuziehen. Julia richtete sich auf. Ihre Blicke trafen sich.

„Ich weiß nicht, wie ich damit fertig werden soll. Ich weiß nicht, ob das mit uns richtig ist. Ich begehre dich, begehre dich wie Nichts und Niemanden zuvor. Ich wollte mit dir nach Malibu, Sharon, mit dir!"

„Warum?"

„Sharon, ich ..."

„Ja?"

Julia vergrub ihr Gesicht unter ihrer Haarpracht.

„Julia?"

„Ja?"

„Für dich könnte ich in Deutschland leben."

Julia blickte auf, um Sharon besser sehen zu können. Es war Sharon ernst. Julia bedeckte Sharons Körper mit zärtlichen, fordernden Küssen. Sie ließ sich Zeit, jeden Zentimeter von Sharons Körper zu berühren. Streichelte die Innenseiten der Schenkel.

Sharon nahm ihre Hände und ließ sie spüren, dass sie bereit war. Bereit, sich einzulassen, sich hinzugeben. Ohne Wenn und Aber, ohne ein Gestern, ohne ein Morgen. Julia hörte ihren Puls rasen, als sie ihr Gesicht in Sharons Schoß vergrub, der sich ihr begehrend entgegenstreckte. Sie schloss die Augen und gab sich dieser Lust hin, dem Gefühl, solche Erregung in Sharon zu wecken. Sharon vergrub ihre Hand in Julias Haar, forderte sie auf, Lust zu bereiten, eine Lust, die sich in einem stummen Schrei entlud. Julia hielt Sharons Körper am Boden gefangen, gab ihr keine Chance zu entfliehen. Ließ sie taumeln, ihr Blut rasen und spürte, wie sich ihre Lust in Sharons Schrei entlud.

Sharon zog Julia zu sich, um sich in langen Küssen mitzuteilen. Dann bahnte sich ihre Hand einen zärtlichen Weg in einen pulsierenden Schoß, der sich ihr hungrig und begehrend entgegenstreckte. Sie hielt Julia fest umschlungen, während sie sie zur Lust anpeitschte, ihr ihre Liebe beim Küssen wild erzählte.

Julia riss den Kopf zurück, nach Atem ringend. Wehrlos ergab sie sich dem Gefühl, diesem Taumel der Lust, aus dem es nur ein Entrinnen gab.

Völlig benommen lagen sie schweißnass im immer noch warmen Sand. Sharon wiegte sie in ihrem Arm und nur langsam fand der Puls wieder ruhigere Bahnen.

Julia hatte ihre Hand in den Strand gegraben und als sie nun ihre Hand öffnete, rieselte der Sand durch ihre Finger und zurück blieb eine Muschel.

Eine Muschel, eingefangen am Strand von Malibu im größten Moment der Lust.

Bei diesem Gedanken musste sie lächeln und dieses Lächeln trug sie auch in den Schlaf. Irgendwann in dieser Nacht waren sie engumschlungen ins Haus zurückgekehrt und hatten aneinander gekuschelt in den neuen Tag hineingeträumt.

Morgen flog Julia nach Hause. Fieberhaft versuchten sie, einen Weg zu finden. So konnten sie nicht auseinander gehen. Sie hatten sich doch gerade erst gefunden.

Julia hatte nicht mitbekommen, dass Sharon gegangen war. Als sie aufstand, war diese bereits abgereist. Auf dem Küchentisch stand ein Strauß Rosen. Nur eine Knospe war abgebrochen. Daneben lag ein Brief. Angst kroch in Julia hoch, noch bevor sie angefangen hatte, ihn zu lesen.

„Liebe Julia, wenn unsere Gefühle so schön sind und so gewaltig, wie die Schönheit von Malibu, dann werden wir einen Weg finden! Wenn wir Malibu nach Hamburg retten könnten, würdest du manchmal mit mir nach Malibu entfliehen? Wenn wir uns wiedersehen und du trägst meinen Ring, dann weiß ich, dass du auf mich gewartet hast. Ich habe auch Angst, aber ich bin trotzdem auf der Suche nach einem Weg. Love forever. Sharon"

Sie hatte den Brief gelesen, den Ring in Tränen getränkt und war überstürzt abgereist. Nicht eine Nacht würde sie noch hier verbringen! Sie raffte ihre Sachen zusammen, floh aus diesem Paradies und suchte Zuflucht in einem Hotel der Stadt. Sie stand den ganzen Abend am Fenster und starrte in die Schwärze der Nacht, in der irgendwo ihre Sharon sein musste. Am nächsten Morgen war sie völlig benommen in den Flieger gestiegen und es gab nichts, was sie hätte aufmuntern können.

Jemand fasste sie an der Schulter, sie war zu Tode erschrocken. Sie hatte längst vergessen, dass sie immer noch im Flugzeug saß. War entrückt, hatte sich ihren Träumen hingegeben. Die Musik, die ihre Gedanken mit jedem Lied durch die vergangenen Wochen gejagt hatte. Diese vertrauten Melodien, die sie die letzten Wochen begleitet hatten.

Sie musste sich anschnallen, der Landeanflug begann. Sie warf einen Blick aus dem Fenster. Trüb, Regen, eben Hamburg. Das passte zu ihrer Stimmung. Die Maschine war soeben gelandet, sie spürte das Rumpeln der Räder, als sie aufsetzten. Alle schienen froh zu sein, wieder zu Hause zu sein. Sie war es nicht!

Sie behielt den Walkman auf, als sie die Gangway entlangging. Sie, eine Frau von fast vierzig, schlenderte mit einem Walkman durch den Zoll und doch war es ihr egal. Sie wartete auf ihren Koffer, der all die Zeugen der letzten Wochen in sich barg. Das Badelaken, die Fotos, die Erinnerungen. Sie nahm ihren Koffer vom Laufband, verfrachtete ihn missmutig auf eine Karre und schob langsam auf den Ausgang zu.

Abrupt blieb sie stehen. Diese Stimme auf dem Tonband. Wie vertraut sie war. Die Musik war zu Ende. Sie blickte auf die Uhr. Drei Minuten noch und das Band hatte sechzig Minuten gespielt. Nur nicht schnell gehen. Sie blieb neben dem Ausgang stehen.

„Liebe Julia, wenn du aus dem Flugzeug steigst, sei nicht traurig. Ich weiß, es gibt so viel, das gegen uns spricht. Ich bin dir zu jung und überhaupt, aber wenn du mich willst, ich will nicht mehr ohne dich sein. Ich hatte keine Zeit mehr, um mich zu verabschieden, so wie ich es gerne gewollt hätte. Weißt du, ich hatte noch so viel zu erledigen. Ich weiß auch nicht, was nun werden soll, aber ich weiß, dass ich auf der Suche nach einem Weg bin. Für uns beide. Ich liebe dich. Sharon.“

Sie spürte die Tränen langsam steigen, ihr Hals war wie zugeschnürt. Sie nahm wie betäubt den Walkman, sah durch die Tränen hindurch den Ring schimmern.

Nein, sie würde ihn nicht an einer Kette tragen. Ihre Liebe würde sie nicht verstecken! Sie nahm entschlossen den Walkman und musste sich neben die Tasche knien, um ihn noch zu verstauen. „Entschuldigung, könnten Sie bitte einmal im Jahr mit mir nach Malibu fliegen?“

Wie betäubt griff sie nach den Händen, die sich ihr entgegenstreckten, und richtete sich langsam auf. Sie standen sich gegenüber, hielten sich an den Händen und sahen sich nur an.

Julia blickte auf ihre Hand und öffnete sie langsam. Sharon folgte ihrem Blick und trotz der vielen Menschen fanden sich ihre Lippen zu einem sehnsüchtigen Kuss und während sie sich an den Händen hielten, konnten sie ihre Liebe spüren:

die Rosenknospe,

den Ring,

die Muschel,

Malibu.

Frauenliebe:

Die lesbischen Strandschmöker:
Sterne über Malibu, Sharons dream + Lust der Nacht
3er Sonderband
Buch-ISBN: 978-3-929925-10-4
© 2013 E-Book-ISBN: 978-3-929925-29-6

Sterne über Malibu
Erstauflage 1992
Buch-ISBN: 978-3-929925-00-5
© 2013 E-Book-ISBN: 978-3-929925-27-2

Julia starrte auf die Zettel in ihrer Hand. Diese Tränen galten ihr, ihr allein. Tränen einer Frau an eine Frau. Sie war wie vor den Kopf geschlagen. Das konnte doch nicht wahr sein! Hatte sie einer Frau Hoffnungen gemacht? Sharon war jung, zehn Jahre jünger. Sicher nur eine Schwärmerei. Noch nie hatte sie selbst daran gedacht. Sie war doch „normal"! Und doch musste sich Julia eingestehen, dass sie nicht nur an Freundschaft dachte, wenn sie Sharon sah…

Sharons dream
Fortsetzung von "Sterne über Malibu"
Erstauflage: 1994
Buch-ISBN: 978-3-929925-03-6
© 2013 E-Book-ISBN: 978-3-929925-32-6

Trotz der vielen Menschen auf dem Flughafen fanden sich ihre Lippen zu einem sehnsüchtigen Kuss und während sie sich an den Händen hielten, konnten sie ihre Liebe spüren: die Rosenknospe, den Ring, die Muschel, Malibu. Julia und Sharons spürten, dass ihre Gefühle nicht mit dem Urlaubsende verflogen waren, dass die Gefühle ausreichen würden für einen Weg nach vorn. Einen Weg, den sie gemeinsam gehen könnten…

Lust der Nacht
Erstauflage 1993
Buch-ISBN: 978-3-929925-01-2
© 2013 E-Book-ISBN: 978-3-929925-16-6

Es begann als Flirt, ein kleines Vergnügen, ein Ausbruch aus dem Alltag. Eben eine kleine Affäre am Rande. Als die beiden Frauen sich das erste Mal sahen, dort an der Bar, konnte Sanni die Neugier in den Augen von Chris sehen, aber sie ignorierte sie, als ahnte sie bereits, dass sie sich in diesen strahlend blauen Augen verlieren könnte. Sanni hatte ihr Leben geordnet und in ruhige Bahnen gelenkt, bis sie Chris traf. Denn wann immer sie sich begegneten, lag diese Spannung in der Luft. Sie sprachen nie von Morgen, nie von Zukunft. sie wollten beide nur die Lust der Nacht.

Clara - Blues in rosé
soll verfilmt werden
Erstauflage 1994
Buch-ISBN: 978-3-929925-04-3
© 2013 E-Book-ISBN: 978-3-929925-28-9

Beim Entrümpeln des Messiehauses stolpert Dani immer wieder über Spuren der Vergangenheit. Sie findet Fotos von Sophie, der großen Liebe der alten Dame. Und sie macht sich auf die Suche nach Sophie. Unterstützung findet sie bei ihrem besten Freund Mike, der die alte und verwirrte Clara Bernstorff in sein Herz geschlossen hat. Sie finden sie schließlich in einem Heim, wohin man sie abgeschoben hat, um schneller ans Erbe zu kommen. Als Dani Anna kennenlernt, wird auch ihr eigenes Leben gehörig durcheinander gewirbelt. Zusammen kämpfen sie für die Liebe der beiden Frauen und ziehen vor Gericht.

Sie sucht Sie - Dienstleistung im Zeichen der Lust

Zanne van den Geest
Erstauflage 2014
Buch-ISBN: 978-3-929925-18-0
© 2014 E-Book-ISBN: 978-3-929925-45-6

Sie sucht Sie - Frauen, die für Liebesdienste bezahlen. Diskrete, lustvolle und genussvolle Stunden. Liebe und Leidenschaft auf Zeit. Tauchen Sie ein in die Welt der Erotik. Mit einer Anzeige fing alles an. Zu meinem Erstaunen meldeten sich Frauen, die nur ab und an lustvolle Stunden erleben wollten. Diskret und ohne etwas von sich preis zu geben. Und sie waren bereit dafür zu bezahlen, boten es von sich aus an. Um den Abstand zu wahren? Um sich eine reine Dienstleistung zu erkaufen. Nehmen ohne geben zu müssen? Ob das funktionieren würde? Meine Neugier war groß.

Und ich ließ mich ein auf das Abenteuer. Ließ mich lustvoll in das Land der käuflichen Liebe fallen. Genoss die Frauen, die mich kauften. Und meine Dienstleistungen erweitere ich um alle Dienstleistungen, an denen ich und meine Kundinnen Gefallen fanden.

Tu es in Liebe! Schlag mich, wenn du mich liebst!

Zanne van den Geest
Erstauflage 2011
Buch-ISBN: 978-3-929925-17-3
© 2013 E-Book-ISBN: 978-3-929925-31-9

Die Liebe begegnet dir meist unverhofft. Wie schnell vergisst du die frustrierenden Dates. Von Erfahrungen in Parship und Konsorten ganz abgesehen. Dieser Roman erzählt von der großen Lust auf Leben, Liebe und Leidenschaft. Erotischer SM-Lesbenroman.

Sachbücher / Ratgeber:

Die Suche nach der verfluchten Mitte

Erstauflage 2009
Buch-ISBN: 978-3-929925-19-7
© 2013 E-Book-ISBN: 978-3-929925-34-0

Warum sind die, die so arm scheinen, doch gleichzeitig oft so reich? Wo kommt sie her, die Freude, die Erfüllung bringt? Wenn der Weg das Ziel ist und das Ziel die eigene Mitte, warum ist sie dann so schwer zu finden? Oder ist es gar nicht schwer? Gehen Sie mit auf Entdeckungsreise und Sie werden ihn finden. Den Weg zum Glück. Zur eigenen Mitte.

Seele in Not - Depressionen - Bipolar 2

Zanne van den Geest
Erstauflage 2010
Buch-ISBN: 978-3-929925-24-1
© 2013 E-Book-ISBN: 978-3-929925-33-3

In diesem Buch begleiten Sie Michael, werden viel über die Krankheit, die Auslöser erfahren, aber auch lernen, diese besser zu verstehen. Michael lebt heute wieder ein selbstbestimmtes und glückliches Leben. Hat sich befreien können aus dieser Dunkelheit, die ihn umklammert hatte. Im Durchschnitt dauert es zehn Jahre bis zur Diagnose Bipolar 2 Störung. Zehn lange Jahre, in denen man von Diagnosen Depression, Schizophrenie und vielen anderen hin und her taumelt. Verzweifelt, ratlos. Patient, wie Angehörige. Dieses Buch wird Ihnen viele Antworten geben, aber auch Hilfestellungen.

Leben in der Unterschicht - 25 Reportagen

Erstauflage 2007
Buch-ISBN: 978-3-929925-15-9
© 2013 E-Book-ISBN: 978-3-929925-36-4

Für dieses Buchprojekt tauchte ich ab und unter. Ich arbeitete in ganz verschiedenen Firmen. Zu den „erstaunlichsten" Arbeitsbedingungen. Bekam Arbeitsverträge, die das Papier nicht wert sind, auf denen sie geschrieben stehen. Ich wusste, dass ich ein Mienenfeld betrete. Mir war auch klar, dass es Missbrauch in jeglicher Form gibt. Der Arbeitsmarkt als Tatort.

Schuldencrashkurs - Weg mit den Schulden

Erstauflage 2007
Buch-ISBN: 978-3-929925-14-2
© 2013 E-Book-ISBN: 978-3-929925-35-7

Da ich in meiner beruflichen Praxis immer wieder die gleichen Muster der Schuldenfalle vorfinde, möchte ich Ihnen mit diesem Ratgeber helfen, sich aus diesem Sumpf wieder heraus zu kämpfen und die Fallen zu erkennen. Wunder können Sie nicht erwarten. Der Weg hinaus ist mühsamer, als der Weg hinein. Hinein haben Sie viele Begleiter und Helfershelfer, hinaus müssen Sie den Weg meist alleine erkämpfen. Dieser Ratgeber wird Ihnen helfen, viele nützliche Infos zu bekommen, Ihre Situation objektiv und kritisch zu beleuchten. Der Schuldencrashkurs wird Sie unterstützen, Schritt für Schritt wieder einen Weg zu finden, Übersicht zu bekommen und Ihr Leben wieder selbst in die Hand zu nehmen. Ob Sie nun private oder geschäftliche Schulden haben, spielt dabei keine Rolle.

Reisereportagen:
New York - feel the spirit - step by step:

Erstauflage 2009
Buch-ISBN: 978-3-929925-20-3
© 2013 E-Book-ISBN: 978-3-929925-37-1

Sonderband in Farbe:
Buch-ISBN: 978-3-929925-21-0
© 2013 E-Book-ISBN: 978-3-929925-38-8

Aneinandergereiht hat New York mehr als zehntausend Kilometer Straße. Wo, so frage ich mich, ist da der Anfang, wo das Ende? Wie sieht es aus? Das New York der Touristen? Das New Yorker der New Yorker? Ben, der Schuhputzer, Ayodele, der CD-Verkäufer, Mrs. Melly, die auf der Suche nach Ehemann Nummer sechs ist. Sie alle haben ihr Glück in New York gesucht. Haben sie es auch gefunden? Gehen Sie zusammen mit mir auf Entdeckungsreise. Von Harlem im Norden bis nach South Ferry im Süden. Nach Brighton Beach in Brooklyn. Zum Graffitihaus nach Long Island City.

Wenn der Weg das Ziel ist,
wohin geht die Reise dann?

Erstauflage 2005
Buch-ISBN: 978-3-929925-13-5
© 2013 E-Book-ISBN: 978-3-929925-39-5

Dreitausendsiebenhundertsiebenundfünfzig Kilometer reisen! Einmal ganz herum. 4.258 Kilometer Abenteuer pur, 360° Deutschland, mit dem Motorrad immer dicht an der Grenze entlang. Und so startete ich am 1. Mai in Hamburg, fuhr los in Richtung Südwest, immer dicht an der Grenze entlang. Wie weit würde ich mit fünfhundert Euro kommen?

Romane / Thriller:

Lena au Chômage - das getauschte Leben

Erstauflage 2014
Buch-ISBN: 978-3-929925-12-8
© 2013 E-Book-ISBN: 978-3-929925-44-9

Ausgemustert, abgeschoben, arbeitslos. Lena au Chômage blickt zurück auf ein abenteuerliches Leben. Schonungsglos und einfühlsam erzählt sie, warum sie in einer Sekunde entschied, ihr Leben gegen das einer anderen Person zu tauschen. "Kündigung", nach alle den Jahren harter Arbeit für die Firma, die ihr Leben war. Mit vierzig zu alt für den Arbeitsmarkt. Jung genug für einen Neustart?

Lena au Chômage nimmt den Kampf auf. Den Kampf gegen die Arbeitslosigkeit, die drohende Armut, das Rutschen ins soziale Abseits. Und doch steht sie eines Tages mit dem Rücken zur Wand, den Koffer in der Hand. Sie steht vor der Entscheidung ihres Lebens. Und sie trifft eine Wahl, die Wahl für die zweite Chance. Sie stiehlt sich eine fremde Identität.

Seelenmörder - Der Tod eines Kinderschänders

Erstauflage 2014
Buch-ISBN: 978-3-929925-26-5
© 2013 E-Book-ISBN: 978-3-929925-43-2

Ein Thriller über Selbstjustiz. Sarah hat Indizien dafür gefunden, dass sie mit dem Mörder ihres Neffen unter einem Dach lebt. Niemand glaubt ihr. Zu geschickt agiert ihr Lebensgefährte. Das Leben ihres Sohnes ist in spürbarer Gefahr. Und Sarah handelt.

Serie Lebenslinien:

Buddha auf Sylt

Erstauflage 2014
Buch-ISBN: 978-3-929925-41-8
© 2013 E-Book-ISBN: 978-3-929925-42-5

Alte Spuren wieder aufnehmen. Neue Wege beschreiten. Dicht am Herzen. Balsam für die Seele. Einkehren. Sich innerlich sammeln. Aufbrechen, sich neu entdecken. Sich spüren im Hier und Jetzt. Das Wahrnehmen im Augenblick. Die Achtsamkeit des eigenen Handelns als Wegbereiter. Die Seele baumeln lassen. Begegnen Sie Buddha auf Sylt.

Farbbildband mit lyrischen Texten:

Bäume - Freunde fürs Leben

Erstauflage 1993 / Lyrischer Fotobildband
Fotos: Lothar Knelles / Texte: Sylvia Knelles
Buch-ISBN: 978-3-929925-02-9
© 2013 E-Book-ISBN: 978-3-929925-42-5

Der Wind zieht durch die Baumreihen,
gleichmäßig, und doch
hört jeder etwas anderes

Wenn sich die Blätter am Abend schließen,
nimm etwas mit aus diesem Tag,
und mit großer Neugier
träume dich in den neuen Morgen.

Verlag:

www.verlag-mysterious-women.de
Kontakt: red@mysterious-women.com

Autorin Sylvia Knelles:

Homepage: www.sylvia-knelles.de
Kontakt: sylvia.knelles@hamburg.de
Facebook: www.facebook.com/AutorinSylviaKnelles

Autorin Zanne van den Geest:

Homepage: www.zanne-van-den-geest.de
Kontakt: zannevandengeest@googlemail.com

Termine für Lesben in Hamburg:

www.mysterious-women.de

Facebook:

www.facebook.com/AutorinSylviaKnelles

Die Homepage zum Filmprojekt:

www.clara-und-sophie.de

www.ingramcontent.com/pod-product-compliance
Lightning Source LLC
LaVergne TN
LVHW042300190726
843491LV00015BA/962

9783929925005